论自由

[英国] 约翰·斯图尔特·密尔 著

顾 肃 译

译林出版社

图书在版编目（CIP）数据

论自由／（英）约翰·斯图尔特·密尔（John Stuart Mill）著；顾肃译. —南京：译林出版社，2023.9

书名原文：On Liberty

ISBN 978-7-5447-9653-8

I. ①论… II. ①约… ②顾… III. ①自由－研究 IV. ① D081

中国国家版本馆 CIP 数据核字（2023）第 069289 号

论自由 ［英国］约翰·斯图尔特·密尔／著 顾 肃／译

责任编辑 陶泽慧
装帧设计 胡 苨
责任印制 董 虎

出版发行 译林出版社
地 址 南京市湖南路 1 号 A 楼
邮 箱 yilin@yilin.com
网 址 www.yilin.com
市场热线 025-86633278
排 版 南京展望文化发展有限公司
印 刷 江苏凤凰扬州鑫华印刷有限公司
开 本 880 毫米 × 1240 毫米 1/32
印 张 5.125
版 次 2023 年 9 月第 1 版
印 次 2023 年 9 月第 1 次印刷
书 号 ISBN 978-7-5447-9653-8
定 价 59.00 元

目　　录

密尔《论自由》导读

李　强

约翰·斯图亚特·密尔(John Stuart Mill,1806—1873)是19世纪英国著名的哲学家、经济学家、政治理论家,西方近代自由主义最重要的代表人物之一。早在维多利亚时期,密尔就因其鲜明的自由主义立场以及对自由主义学说的清晰阐释而被称为"自由主义之圣"。密尔在自由主义发展史上的重要性在于,他第一次赋予自由主义完整而全面的理论形式,从心理学、认识论、历史观、伦理观等角度为当时已经达到黄金时期的自由主义提供了哲学基础,并以充沛的激情与清晰的逻辑对个人自由的理想作出强有力的辩护。用一些研究者的话来表述,"自由主义在密尔那里找到了自己的哲学家"。①

一、生平与著作

密尔于1806年5月20日出生在伦敦,父亲詹姆士·密尔是边沁创立的哲学激进派(philosophical radicals)的重要人物,信奉边沁的功利主义并将功利主义哲学运用于法学、政府、教育、政治经济学等领域。

① John Skorupsky, *John Stuart Mill*, Routledge, 1989, p. 338.

密尔早年所受的教育是十分独特的。他从未上过正规学校，他的教育是在父亲詹姆士·密尔的严格指导下完成的：小密尔三岁开始学习希腊语，八岁学习拉丁文，并广泛阅读希腊、罗马的文学、历史及哲学著作。此后，又在父亲的友人大卫·李嘉图影响下研读政治经济学。

由于父亲的关系，密尔从小就受到边沁的关爱与影响。1821 年，密尔阅读了边沁《立法论》法文译本，开始成为功利主义的信徒。密尔后来回忆到："阅读此书成为我生命中的一个新纪元，也是我思想发展史上的一个转折点。"[①]此后，密尔曾帮助边沁整理出版《司法证据原理》。这是边沁一生中篇幅最长、最具技术性和最重要的学术著作。[②]

根据《密尔自传》的描述，1827 年，他陷入一场严重的精神危机，开始反思功利主义那种冷冰冰计算的理性主义，质疑作为功利主义核心内涵的联想主义心理学与快乐主义伦理学。他认识到，功利主义"分析的习惯对深谋远虑和洞察力来说是有利的，但对激情和美德的根基来说却是永久的蛀虫"，快乐主义的信条也不可能引导人们追求幸福生活。[③] 此后，他从华兹华斯、拜伦、柯勒律治、圣西门、孔德、托克维尔、洪堡等人的思想中汲取养分，试图摆脱功利主义的影响。不过，一般学者认为，密尔思想的基本倾向最终仍是功利主义的。

1830 年，密尔的感情生活出现了重大转折。他结识了哈莉特·泰勒（Harriet Taylor）夫人并开始了不寻常而浪漫的爱情生涯。哈莉特是约翰·泰勒的妻子。密尔与哈莉特相处多年，互相爱慕，在英国上流社会招致颇多非议。1849 年，约翰·泰勒去世，1851 年密尔和

---

① 《约翰·穆勒自传》，郑晓岚、陈宝国译，华夏出版社，2007，第 49 页。

② 同上，第 84—85 页。

③ 同上，第 102 页。

哈莉特结婚。婚后最重要的著作就是《论自由》，密尔在《论自由》卷首写了对妻子非常感人的献辞，提到这本书是他和妻子一字一句反复讨论的结果，几乎每一句都是两人的共同作品。1858 年，妻子去世，安葬在法国阿维农附近的圣·维兰公墓。为了能够和亡妻在一起，密尔在墓地旁买了一处农舍，主要在那里度过他的余生。

作为哲学激进主义派别中的重要人物与自由主义事业的主要倡导者，密尔曾在 1865 年至 1868 年期间当选为英国下议院议员。在担任议员期间，他主张激进的自由派改革，提出比例代表选举制度以及妇女选举权等议案，均未获通过。

1873 年 5 月 7 日，密尔在法国的阿维农去世，死后与妻子安葬在一起。

密尔一生著述颇丰，涉猎领域广泛，不少著作曾在历史上产生过重大影响。1843 年出版的《逻辑学体系》被当时公认为逻辑学发展史上的巨著，该书在 19 世纪后半期一直是大学的标准教科书，并被翻译为多种文字，包括我国翻译家严复的中译本《穆勒名学》。1848 年，密尔出版了《政治经济学原理》，获得巨大成功。在 1890 年马歇尔的《经济学原理》出版之前，该书一直是英语国家大学经济学的基础教科书。①

不过，真正奠定了密尔显赫名声与巨大影响的是他晚年的三本小册子，即《论自由》(1859)、《代议制政府》(1861)与《妇女的屈从地位》(1869)。这几本小册子使密尔的名字走出大学的象牙塔，成为英国当时家喻户晓的人物。此外，同样重要的是，这几本小册子所阐发的自由主义与民主理念为当时英国的政治与社会改革提供了重要理论。②

---

① 参见穆勒，《政治经济学原理》“序言”，商务印书馆，1991。

② William Thomas, “Mill”, in *Great Political Thinkers*, Oxford University Press, 1992, p. 325.

在这些著作中,《论自由》无疑是最有影响的作品。1859 年该书甫一出版即引起巨大轰动,短时间内初版售罄,同年便印刷了第二版。以赛亚·伯林曾以高度敬仰的口吻描述密尔《论自由》对人类宽容与自由事业的贡献。他提到,在伟大的维多利亚时代诸导师中,"……最伟大的斗士,最清楚地阐明(自由)原则并因此奠定现代自由主义基础的,众所周之,是《论自由》的作者约翰·斯图亚特·密尔。用 R. W. 利文斯通恰当的说法,这本'伟大的小书',出版于一百年前。"①

即令今天,《论自由》也是政治哲学领域的重要文献。自由主义理论家从《论自由》中寻找自由理论的经典阐释,并试图从中发现可以回答当今问题的思想启迪。② 保守主义理论家则试图通过剖析密尔的《论自由》展示自由主义政治哲学的内在缺陷及危险后果。③

西方理论家对密尔《论自由》截然不同的解释至少向我们展示,这本小册子的内涵远比我们通常想象的复杂。为了理解密尔这本小册子所包含的丰富思想与复杂逻辑,下文将依循《论自由》的文本,展示密尔的主要观点。

---

① 以赛亚·伯林,《自由论》,译林出版社,2003,第 247—248 页。

② 从自由主义角度阐释密尔《论自由》的重要著作有格雷(John Gray)的 *Mill on Liberty: A Defense*, L. Ten, *Mill on Liberty*; F. Berger, *Happiness, Justice and Freedom: the Moral and Political Philosophy of J. S. Mill*; John Rees, *John Sturat Mill's on Liberty*。这些著作的共同特征是通过阐释密尔的自由原则展示密尔理论对今天讨论自由问题的启迪意义。

③ 从保守主义立场研究密尔自由理论的著作可以举出 G. Himmelfarb 的 *On Liberty and Liberalism: the Case of J. S. Mill* 以及 J. Hamburger 的 *J. S. Mill on Liberty and Control*。前者对密尔的自由理论持强烈批判态度,认为密尔的理论削弱了社会的宗教和道德。后者则认为,密尔的《论自由》缺乏严密的理论逻辑,密尔提出一套自由理论是为了哗众取宠,在政治上争取他所在政党的利益。

二、密尔自由理论的哲学基础

为了理解密尔自由理论的内涵，有必要首先剖析其哲学基础。在西方自由主义发展史上，对自由的证成大致循两个路径。其一是权利理论，其二是功利主义。权利理论的早期形式是自然权利学说：人生而具有自然权利，组成社会后，一部分自然权利转让出去，构成社会或政治权力的渊源，个人保留了某些不可转让、不可剥夺的权利，这就是公民权。洛克是这种理论的典型阐释者。后来，公民权的概念进一步发展，演变为今天所谓的"人权"。人权理论的核心是认定人有某种天赋的、不可转让、不可剥夺的绝对权利。当然，人应该有哪些权利？依据何种标准确定人权的内涵？什么是最重要的人权？是自由权、财产权，还是平等的权利、生存的权利？人权理论的倡导者常常有不同的看法。

西方近代自由主义的另一个哲学基础是功利主义。与权利理论不同，功利主义评价行为善恶的标准是看后果，而不看它是否符合某种先验的原则。譬如，边沁就把快乐、幸福作为评价道德与立法的标准。按照边沁的解释，所有人都有趋利避害的本能。所谓善的行为就是能够给行为者带来快乐、避免痛苦的行为。如果行为者是个人，则凡是能给个人带来快乐的行为就是好的。如果行为者是一个群体，则凡是能够给群体带来快乐的行为就是好的。

以功利主义为基础的自由主义者在证成自由时并不会试图展示自由具有内在价值，而是试图论证保障自由会给个人或社会带来某些好处。功利主义不承认抽象的人权，只承认在特定法律规范下的公民权。在西方近代历史上，不少著名的功利主义者成为自由主义发展史中的重要人物，譬如，英国19世纪以边沁和密尔父子为代表的功利主义学者成为当时自由主义改革的主要倡导者。

关于密尔自由理论与功利主义的关系，密尔本人在《论自由》中曾有明确表白:“凡是可以从脱离功利而独立存在的抽象权利观念推出我的论证的任何有利条件,我都未予利用。在所有道德问题上,我最终诉诸功利;但是,这必须是最广义上的功利,以人作为进步的存在者的永久利益为依据的功利。”①

不过,不少评论者并不完全接受密尔的表白。一方面,有评论者质疑密尔学说的功利主义属性,其主要根据是,密尔曾强烈批评边沁的快乐主义哲学,区分快乐的质与量。密尔明确表示,快乐的质量不同于仅仅感官的满足,而与“人生的终极目的”相联系。“这个终极目的既然是全部人类的目的,就必然也是道德的标准。”②密尔甚至意有所指地说,“做一个不满足的人胜于做一只满足的猪;做不满足的苏格拉底胜于做一个满足的傻瓜。”③这表明密尔至少对边沁式功利主义持批评态度。

对密尔自我表白的另一种质疑来自一些当代自由主义者。当代自由主义的主流将自由视为人的基本权利,坚信除非把自由视作绝对价值,对自由的认可就可能是有条件的、可交换的。诚然,当代自由主义主流无法否认密尔学说的自由主义特征,但他们不能想象密尔从功利主义基础出发可以对个人自由作出如此坚定的维护,故而希望从密尔对自由的证成中剖析出个人绝对权利的因素。著名自由主义者以赛亚·伯林就曾对密尔自由观念与功利主义的联系提出质疑。他举出密尔的一系列言行,并明确断言,当密尔发出如此言行时,“当他为妇女、工人、殖民地人民的权利辩护,因而成为英格兰受侮辱与受压迫者的最富激情也最有名的斗士时,我们很难相信他心目中最重要的东西不是自由与公正(不管付出多大代价),而是功利

① 密尔,《论自由》,第12—13页。

② 密尔,《功利主义》,上海世纪出版集团,2008,第12页。

③ 同上,第10页。

（它是计成本的）”。①

评论者对密尔自由观念与功利主义关系的质疑至少向我们展示，密尔自由理念与功利主义的关系远比密尔的自我表白来得复杂。我们在下文分析密尔自由理论时将试图展示，一方面，他对自由的论证是以功利主义为基础的；不过，正如密尔自己反复强调的，他所谓的功利“必须是最广义上的功利，以人作为进步的存在者的永久利益为依据的功利”。恰恰是这两个“必须”将密尔的功利主义与边沁的功利主义区别开来，使密尔的自由理论更多地具有浪漫主义色彩。

三、自由的基本原则

密尔在《论自由》中开宗明义，阐明《论自由》的主题不是讨论所谓意志自由，而是“公民自由或社会自由”，“即社会可以合法地施加于个人的权力之性质和界限。”②严复在翻译密尔《论自由》时，把书名译为《群己权界论》，实在是精辟地理解了密尔著作的主旨。

应该说，群己权界问题并不是密尔时代才出现的新问题，密尔注意到，“它几乎从最遥远的古代开始就一直把人类区分开来”。不过，密尔强调，在他的时代，一些“比较文明”的国家已经进入一个新的“进步阶段”，出现了新的情况，对于自由问题，“要求人们给予不同的、更为根本的对待”。③

这一“新阶段”的最大特征是民主化与商业社会的勃兴。

民主化的出现给人类追求自由的事业带来新的课题。在民主化之前，人民通过制约政府权力来保障自己的自由。一方面，人民可能以宪政限制政府的权力，维护个人某些不可剥夺的权利；另一方面，

---

① 以赛亚·伯林，《自由论》，译林出版社，2003，第253—254页。

② 密尔，《论自由》，第3页。

③ 同上，第3页。

人民可能期望通过民主的方式控制政府，使其追求人民的利益。然而，随着民主化的出现，人们愈来愈清楚地看到，“运用权力的‘人民’与作为权力施加对象的人民并不总是一回事；而所谓‘自治政府’也不是每人管治自己的政府，而是每人都被其余所有人管治的政府。”这样就会出现一种情况，人民会压迫人民中的一部分人。

在描述民主社会人民的权力可能具有压迫性时，密尔使用了“多数人的暴政”这个术语。这显然是托克维尔影响的结果。托克维尔著名的《论美国的民主》上下卷于1835年、1840年相继发表，密尔先后撰写了两篇评论长文，对托克维尔的著作给予极高评价。密尔十分欣赏托克维尔对现代社会民主趋势的判断，认同托克维尔对民主可能产生的利弊的分析。密尔在《论自由》中对多数人的暴政的描述在很大程度上呼应了托克维尔的观点：

像其他的暴政一样，这种多数人的暴政，人们起初以为，而且至今仍然庸俗地以为，其可怕性在于它主要通过公共权威的行为而发挥作用。但是，反思着的人们认识到，当社会本身是暴君（社会作为集体凌驾于构成它的各个人之上）时，它实施暴政的手段并不限于通过其政治机构而采取的行动。社会能够并且的确在执行它自己的命令；而假如它发出了错误的而不是正确的命令，或者发出了关于它不应干预的事情的命令，那么，它就是在实施一种社会的暴政，这比各种政治压迫还要可怕，因为它虽然通常不以极端的惩罚为支撑，却几乎不给人逃避的途径，它更深地渗入生活的细节，并且奴役灵魂本身。①

① 密尔，《论自由》，第6页。

除了所谓多数人的暴政问题外，密尔还特别注意到现代商业社会所带来的平等化、平庸化与趋同化倾向。密尔在评述《论美国的民主》时表达了对商业社会的深深忧虑。他担心，“中产阶级”日益强大的权力将使整个社会打上商业社会的烙印。他写到：“对人类前景的最大威胁是商业精神之不受制约的影响。”①密尔深深赞同托克维尔的观察，商业社会是一个倾向于平等、平均、平庸的社会，在这种社会，所有人“在很大程度上生活在相同的世界”，“他们现在读相同的东西，听相同的东西，看相同的东西，去相同的地方，所持希望和恐惧也指向相同的对象，拥有相同的权利和自由，以及主张这些权利的相同的手段”。大众教育的普及，传媒的力量，交通的改善，商业制造业的发达，“所有原因结合在一起，形成了如此巨大的敌视个性的势力，以致不容易看出个性如何还能保住其领地。”②

面对从历史到现实自由与反自由势力之间的斗争，密尔觉得有必要“用一般性的方法”提出自由问题，并用“一般性的方法“讨论这一问题。密尔在《论自由》卷首连续用两个“一般性”，是希望提出一套关于自由与权威的一般性原则，从而能够涵盖、指导所有涉及自由的问题。

正是从这一目标出发，密尔提出一条指导处理自由与权威问题的“极简原则”，作为他全书的总纲。密尔对这条原则的表述如下：

本文旨在肯定一条极简原则，当有权绝对地支配社会以强力和控制的方式处置个人的事情时，无论采取合法惩罚形式下的物质力量，还是公众舆论下的道德强压的手段，其准绳是自我保护，即人类

① J. S. Mill, *De Tocqueville on Democracy in America*, Part II, *The Collected Works of J. S. Mill*, Vol. XVIII, Toronto University Press, 1996, p. 198.

② 密尔，《论自由》，第 77—78 页。

可以个别地或集体地对任何成员的行动自由进行干涉，其唯一正当理由是旨在自我保护。对于文明群体中的任何一名成员，可以违反其意志而正当地行使权力的唯一目的，就是防止对他人的伤害。至于这个人自己的好处，无论是物质上的还是精神上的，都不是充足的正当理由。……从正当性上说，在仅涉及他自己的那部分行为上，他的独立性是绝对的。对于他自己，对于他的身体和心智，个人是最高主权者。①

这一段话是理解密尔自由理念的总纲，其中有些关键概念需要专门解释。

首先，密尔讲，“对于文明群体中的任何一名成员”的自由进行干涉的唯一理由是自我保护。密尔使用“文明群体”这一术语旨在强调他所阐述的自由原则主要是针对英国以及其他文明社会的情况而发的。密尔在《论自由》导论中明确表示，对于未成熟的年轻人，对于文明程度尚低的“未成年的时期”，他所讲的自由原则并不适用。“专制体制是一种对付野蛮人的合法统治形式”。②

其次，密尔关于个人对于自己“是最高主权者”的说法十分清晰地展示了自由主义的基本信念。德国著名法学家吉尔克在分析现代社会与传统社会的区别时曾十分精辟地将现代社会的特征概括为“个人的主权与国家的主权”，个人主义与现代民族国家构成现代社会的两个基点，也构成自由主义政治哲学的两个核心要素。

由于强调个人是自己的主权者，密尔明确拒绝以“父爱主义”(paternalism)或社会共享道德、信念为依据干预个人自由。密尔将干

① 密尔，《论自由》，第11—12页。

② 同上，第12页。

涉个人自由的理由限定在防止个人对他人的伤害上。关于这些原则的内涵和应用,我们将在下文结合《论自由》的第四章和第五章进行比较详细的分析。

在阐述了自由的“极简原则”之后,密尔《论自由》的其余章节分三个方面详细展开这一原则。第一,密尔主张个人在意识领域最大限度的自由,包括良心的、思想的、意见的、情操的自由,以及表达这些思想、意见、情感的绝对自由;第二,密尔对个性自由作出强有力的、充满激情的辩护;第三,密尔试图在个人可以自行处理的行为以及社会或国家可以合理干预的行为之间划出一条清晰的界线。

四、思想自由与言论自由

密尔对思想自由和言论自由的讨论大致沿袭了密尔顿、洛克以来的英国自由主义传统。不过,密尔赋予言论自由的范围要比这些自由派先驱更为宽泛。这尤其表现在,密尔允许广泛的出版自由,不仅对于基督徒如此,而且还包括自然神论者、不可知论者、无神论者甚至革命者。如果将密尔这一态度和洛克比较,二者的区别就显而易见了。洛克在著名的《论宗教宽容》中尽管强烈主张宗教宽容,主张政治权力不干预个人信仰,但洛克所谓的宗教宽容主要限定在新教范围之内,他的宗教宽容并未延伸至天主教,更不必说无神论者或非基督徒了。①

密尔对思想与言论自由的论证方式与英国传统的怀疑主义哲学有密切联系。西方近代自由主义理论和怀疑主义认识论有密切联系,这在英国自由主义传统中尤为明显。从霍布斯、洛克到休谟,英

① 对洛克宽容理论中不宽容成分的概括,可参见 John Gray, *Two Faces of Liberalism*, Polity Press, 2000, p. 2。

国的经验主义认识论一般都强调经验的局限性,进而强调人对客观事物认识能力的有限性。不过,即使在英国经验主义传统中,密尔对人类认识能力有限性的强调也是相当独特的。认识论的怀疑主义构成密尔自由理论的核心组成部分。

在进入密尔认识论怀疑主义之前,有必要再强调一下密尔的功利主义论证方法。如果仔细阅读密尔关于思想言论自由的章节,读者大概会感到某种困惑。因为在整个讨论中,关键词不是"自由",而是"真理"。密尔研究专家莱恩(Alan Ryan)专门提醒读者注意这一点。密尔将人类获得真理视为绝对的善,因为获得真理可以使人类"进步"。思想言论自由的价值并不在于它是个人的权利,而是在于它有助于人类获得真理。①

密尔在论证思想言论自由时一个至关重要的概念就是强调人类认识的可错性(fallibility)。不仅个人的认识有可错性,集体的共识有可错性,整个时代的认识也有可错性。"每个时代都曾持有许多被后面的时代认为不仅错误而且荒谬的看法;可以确定的是,现在流行的许多看法将被未来的时代所抛弃,就像现时代抛弃许多过去曾经流行的看法一样。"②

不过幸运的是,尽管存在认识的可错性,人类仍有进步的可能性。就人类整体而言,理性的意见和行为愈来愈占优势。造成这种状况的根本原因在于,人类作为一种有智慧、有道德的存在有改正自身错误的能力。改正的途径一是靠经验,二是靠讨论。经过讨论,错误的意见和行为就会逐渐服从事实和论证。所以,密尔说,一个聪明人获得智慧的途径就是聆听各种不同的意见,"除此之外别无其他

---

① Alan Ryan, *J. S. Mill*, Routledge & Kegan Paul, 1974, pp. 129—131.

② 密尔,《论自由》,第20页。

模式。”①

既然密尔将讨论、聆听不同意见看作是获得真理的基本途径，那么，思想与言论自由的价值就是不证自明的了。为了详细解释思想与言论自由如何有助于人类获得真理，压制思想与言论自由如何扼杀真理，密尔将压制思想和言论自由的情形分为三种类型。第一类，被压制的言论可能是一个正确的意见，如此，人类就失去了一个获得真理的机会；第二类，被压制的可能是一个完全错误、完全荒谬的意见，如此，人类也可能失去一个机会，即从真理和错误冲突中产生出来的对于真理的更加清楚的认识和更加生动的印象；第三类，在大部分情况下，被压制的言论可能部分是真理，部分是谬误，而压制者所持的观点也是部分真理，部分错误，如此，压制自由就会导致既丧失获得真理的机会，又失去在与错误冲突中完善真理的机会。

密尔这部分的讨论在今天看来确显得冗长而沉闷。不过，其中的哲理还是相当睿智的，有些论点也十分有趣。譬如，在论证压制言论自由可能会导致丧失获得真理的机会时，密尔举出苏格拉底、耶稣被处死的例子，并强调现代社会对思想自由桎梏之甚，超过简单处死异端。历史上虽然可能对异端迫害甚至处死，但并未扼杀精英人物的心智，总有一些伟大的思想家，在迫害中表达自己的真知灼见。现代社会对思想与言论自由的压制不再诉诸迫害或处死，而是以社会不宽容的方式展示。这样做的结果是，从心灵深处扼杀社会最优秀的知识分子的道德勇气，导致最优秀的知识分子在社会压力下噤若寒蝉，不敢发表自己深思熟虑后得出的见解。在这种情形下，“能够发现的那一类人，要么是陈词滥调的应声虫，要么就是真理的时髦货，他们在一切重大题目上的论证都是为了听众，而不是使自己真正

① 密尔，《论自由》，第21页。

心悦诚服的东西”。[①]

在讨论了压制思想与言论自由可能导致丧失获得真理的机会后，密尔笔锋一转，讨论另一种情形，即社会公众的意见是完全正确的，而受到压制的言论是完全错误的。密尔的观点是，即令公众的意见百分之百正确，异端的意见完全错误，也不应该压制异端意见，也要允许异端思想与言论的自由。密尔的论据是，真理必须在和谬误的公开冲突中得到考验，从而使真理充满活力，使大众对真理的认识更为全面、深刻。如果禁止对真理的挑战，真理就会僵化，“本来能给人心灵留下最深刻印象的学说，却可能在人心中成为死的信条，而不能体现在想象、情感或理解之中”。[②] 密尔将压制错误意见所导致的教义僵化称作“既定意见的沉睡”。这样的结果是，不仅教义变得僵化，无活力，而且，正统教义也会丧失为自己辩护的能力。原因很简单，“一旦战场上没有了敌人，宣教者和学习者就都在他们的岗位上睡大觉了”。[③]

除了被压制的意见全部是真理或谬误的情形外，大多数的情形是，公认的教义和异端的意见都同时包含真理和谬误两种内涵。譬如，密尔举卢梭的学说为例，尽管卢梭的理论与流行的意见相比大部分是错误的，但在卢梭的理论中也确实包含着流行意见所缺乏的真理。又如，在成熟的政治中，往往同时存在进步与保守两个政党，可以起到在竞争中互相补充之效。密尔讲了一些很有哲理的话：“在生活中一些重大实践关注点上，真理在很大程度上乃是对立面相互协调和结合的事情。”[④]“在人类智慧的现有状态下，只有通过观点的变

---

① 密尔，《论自由》，第36页。

② 同上，第44页。

③ 同上，第46页。

④ 同上，第51页。

化，才有让真理的各个方面展开公平比赛的机会。”①

五、个性与自由

在论证了思想与言论自由之后，密尔将讨论转向个性问题。应该说，关于个性的一章是《论自由》中最具激情、最有创新的一章。

阅读这一章，我们随处可见三个人的影子，一是德国思想家洪堡，一是托克维尔，还有就是密尔的妻子哈莉特。

密尔的个性观深受洪堡的影响。英文版《论自由》的卷首短语便是洪堡的一段话：“本书的全部论证，指向一条最基本而首要的原则，亦即，人类最丰富而多样的发展具有毋庸置疑的重要性。”②

可以毫不夸张地说，这段文字揭示了《论自由》全书的主旨，尤其是关于个性这一章的主旨。这段文字引自洪堡的《政府的权限与责任》，该书于1854年出版了第一个英译本，也就是这一年，密尔撰写了《论自由》的初稿。

洪堡属于德国浪漫主义学派。德国浪漫主义追求个性，追求“美丽的心灵”，希望具有个性的个人能够以自己的方式追求自我完善，而不受社会流行意见的影响。洪堡在著作中尤其反对政府对个人生活的控制，反对政府以积极的方式促进公民的福利，他所憧憬的政府是职责有限的政府，将强制减少到最低程度的政府。这样的政府才可能促进个人的个性、活力与创造性。

密尔的个性观与洪堡十分接近，就连用词也十分相近。譬如，密尔反复用洪堡的概念“个人的自主性”（individual spontaneity）、创造性（originality）、活力（energy）来概括个性的核心价值。密尔借用洪

---

① 密尔，《论自由》，第51页。

② 同上，第1页。

堡“美丽的心灵”的说法，把个性发展的目标描述为“人类要成为思考中高贵而美丽的对象”。密尔引用洪堡的原话来表达个性的主旨：“人的目的……是他的各种能力最高度和最协调的发展，达至一个完全而一贯的整体。”①

当然，密尔的个性理论也有不同于洪堡之处。一方面，如前所述，密尔基本上是一个功利主义者，这与洪堡的志趣大相径庭。另一方面，密尔关注的主要问题是如何在民主社会、商业社会保持个性的光芒。他担心，在大众主导的民主社会，在商业精神、中产阶级意识成为主流的现代社会，人的个性很难保持。这种担心在洪堡的著作中尚不明显。

这种担心直接来自托克维尔。我们在上文曾简单提及托克维尔对密尔的影响。托克维尔著作的重大贡献之一就是注意到现代社会民主化的必然趋势。托克维尔所谓的民主化一方面指的是政治民主，即民主作为政权合法性的基础成为不可阻挡的趋势，另一方面指的是社会平等化的趋势。民主意味着贵族、精英的消失，社会愈来愈以多数的意见作为正确与否的标准。托克维尔将现代性政治的主要特征概括为平等化。传统的欧洲社会是等级制社会，贵族与平民等级森严。贵族不仅代表政治与经济身份，而且也代表精神、道德与文化气质。托克维尔注意到，现代社会的特征是将高贵的拉下来，将低贱的拉上去，使得大家完全平等，不仅政治身份平等，而且在气质、精神上都平等。所谓平等，就是都成了庸庸碌碌之辈，没有任何高贵而独特的东西受到特殊尊重。任何人都不能凭借自己知识上、道德上的优越地位而要求在社会中有更多的发言权。现代社会权威合法性的基础是计算人数，谁得到多数人赞同谁就有合法性，民主政治的本

① 密尔，《论自由》，第61页。

质是多数意见受到尊重而不是知识贵族的意见受到尊重。

密尔在评论《论美国的民主》时，对现代社会这种平等的趋势感到十分忧虑，甚至有一种窒息感。他在写给托克维尔的一封信中谈到，“你的许多观点对我或多或少均有新意，其中我发现你的一个重大的一般结论和我多少年来独立秉持的一个结论……完全一致，即民主的真正危险，真正需要利用人类的所有资源与之斗争的恶魔……不是无政府状态，不是追求变革，而是中国式停滞不前”。[①] 密尔在《论自由》及其他若干场合都表达过对西方可能步入“中国式停滞不前”的担忧。从某种意义上说，密尔在《论自由》提出的主张就是对托克维尔所诊断的现代社会病状所开的药方。

除了洪堡与托克维尔外，密尔的妻子对密尔个性理论的影响也不可低估。哈莉特是一位相当有个性的女性，浪漫、激进且有敏锐的思想。密尔受妻子的影响集中表现在《论自由》和《妇女的屈从地位》两本书中。一方面，妻子的浪漫气质和理想主义风格显然感染了密尔。密尔在《论自由》卷首的献辞中提到妻子“对真理与正义有高贵的感悟”，具有“伟大思想与高贵情感”。《论自由》中着力赞颂的个性、自主性、人的全面发展显然抹不去妻子的影子。莱恩在研究密尔的专著中还提到哈莉特的另一个影响，这就是，《论自由》和密尔其他著作相比具有超乎寻常的雄辩特征，这与哈莉特争强好胜、喜欢争辩的个性不无关系。[②] 此外，密尔传记作者帕克指出，哈莉特在1830年出版的《论宽容》中的许多观点构成密尔《论自由》的核心内容，其中最重要的是对现代社会平庸化的恐惧。哈莉特担心这种平庸化将

---

① J. S. Mill, *Collected Works of John Stuart Mill*, Vol. XIII, p. 434.

② Alan Ryan, *J. S. Mill*, pp. 125—127.

危及个人的创造性与独立思想。① 最后，还应提及的是，密尔与哈莉特之间不寻常的爱情不仅受到密尔父亲及家庭的反对，也受到英国上流社会的非议。密尔对自己个人生活遭受非议的反感强化了他对公众舆论所施加的多数人暴政的厌恶，他曾明确表示，英国维多利亚时期中产阶级有一种超乎寻常的体面和名望观念，这种观念导致大众对不合常规的行为极不宽容。与英国相比，法国和意大利等拉丁文化国家尽管在政治方面更具压迫性，但在社会方面却较少压迫性。②

在论及个性时，需要注意的是，在严格意义上，个性和自由是两个不同的概念。如果我们接受伯林关于消极自由与积极自由的区分的话，个性应该属于积极自由范畴，它并不简单地意味着个人有权去做自己喜欢做的事情而不受其他人的阻挠，它还意味着，个人能够真正按照自己的个性去追求自己的自主性，而将世俗的、社会的观点置于一边。按照伯林的逻辑，如果强调个性发展时将重点放在个人的内心世界，强调追求真正的自我，那么强调个性可能会导致压制个人消极自由的结论，出现所谓“强迫自由”的说法。③

但是，密尔对个性的强调是和他的自由原则紧密结合的，密尔讨论个性的重点不在于个人的内心修养，而在于防止政治、法律与社会对个性发展的压制。密尔整整一章几乎没有提到追求个性发展的责任在于个人，在于个人不畏强权，不畏流俗，不畏多数人的暴政，坚持自己的个性与创造性。密尔的全部文字都集中在讴歌个性的价值，

---

① John Packe, *The Life of John Stuart Mill*, London: Secker & Warburg, 1954, pp. 133—134, 203—204.

② Alan Ryan, "Mill in a Liberal Landscape," in John Skorupski ed., *The Cambridge Companion to Mill*, Cambridge University Press, 1998, p. 515.

③ 参见以赛亚·伯林，“两种自由概念”，《自由论》，译林出版社，2003 年。

争辩社会应该允许个性的发展。他给人的印象是，只要政治、法律与社会保持对多元化个性的宽容，社会就会充满个性、自主性与创造性。正是这种方式的讨论使密尔的个性观成为他自由理论的有机组成部分，而不是毫不相关甚至互相冲突的部分。

密尔在讴歌个性时，强调个性是“个人进步和社会进步中一个颇为重要的因素”。一方面，对个人发展而言，尽管密尔在《论自由》中很少承认自由具有内在的价值，但在讨论个性时，却认定个性具有“内在的价值”，“值得为其自身的缘故而给予关注”。① 密尔甚至认为，个性乃是人之为人的不可或缺的要素。他写道：“一个人到能力接近成熟时，以自己的方式运用并解释经验，这是人的特权和正当条件。”②这里的两个词，“人的特权”、“人的正当条件”值得反复玩味。如果某些人缺乏个性，“他们作为人的能力凋零枯萎了；他们已经没有能力再有什么强烈的愿望或天生的快乐，一般也没有各人自己长成或恰属各人自己的观点或情感。”③密尔将个性抬高到如此地步，缺乏个性就是没有自己的观点，就没有自己的真正感情，就没有真正的快乐，换句话说，人就是行尸走肉。

密尔坚持认为，具有个性不仅是个人自身发展的必要条件，也是社会乃至整个人类发展不可或缺的动力。密尔的基本逻辑是，如果一个群体是由有个性、有生命、有活力的个人组成，这个群体就会充满活力与生命。“随着个性的发展，每个人变得对自己更有价值，因而也能对他人更有价值。他自己的存在有了更加充实的生命，而当单元中有了更多生命时，由单元组成的群体也就生命繁茂。”④

---

① 密尔，《论自由》，第60页。

② 同上，第61页。

③ 同上，第65页。

④ 同上，第67页。

当然，密尔深知，现实社会中不可能所有人都有个性，社会大多数人只能是庸庸碌碌的众生。密尔强调个性的真正重点是那些具有超常个性与创造性，可能造福社会与人类的少数精英。人类从远古发展至今，受惠于那些具有首创性的个人，他们“发现新的真理”，“开创一些新的做法”，“这些少数人恰似地上的盐，没有他们，人类生活就会变成死水一潭”。①

为了在民主化的平庸社会给那些精英留下成长的空间，密尔呼吁社会尽最大可能对那些生活方式、行为方式、思维方式与众不同的人保持宽容，为他们创造一个自由的环境。社会应该宽容那些有强烈欲望、激情、活力乃至冲动的人，欲望与冲突是制造英雄的材料，“富有精力的人也永比无精神无感觉的人可以做出较多的好事”。社会要容忍那些具有“趣味上的独特性，行为上的怪僻性”的人。他甚至说，“一个社会中怪僻性的数量一般总是和那个社会中所含天才异禀、精神力量和道德勇气的数量成正比的。今天敢于独行怪僻的人如此之少，这正是这个时代主要危险的标志。”在密尔看来，只有怪僻的人才可能是天才，“有天才的人，顾名思义(ex vi termini)，比任何其他人都具有更多的个性——因而也就更不能在没有伤害性压迫的情况下填入少数模子，那种社会为了免去其成员形成个人性格的麻烦而提供的模子”。②

为了进一步以实例展示鼓励个性与压制个性所产生的不同后果，密尔举出欧洲的成功与中国的衰落作为佐证。19 世纪的欧洲是进步理念占主导地位的时期，欧洲人从不同角度总结自身成功的经验，作为失败的例子，中国不幸也列入其中。在密尔的时代，进化论

① 密尔，《论自由》，第 68 页。

② 同上，第 68 页。

的出现，种族主义的兴起，优生学的滥觞，都被用来解释白人优越性的原因。与这些解释不同，密尔的解释体现了自由主义者的信念：欧洲的成功在于自由、在于个性与多样性，中国衰落的原因是缺乏自由、个性与多样性。密尔认定，欧洲成功的原因在于多样性与差异性，“个人、阶级、国族之间，彼此都极不相像”。[①] 多样性是欧洲进步的源泉。与欧洲相比，中国衰落的根源在于其趋同性。密尔在不同场合以中国作为负面例子，教育欧洲人防止堕落到中国的境况：

我们有中国这个前车之鉴。中华民族富有才能，在某些方面甚至也富有智慧，由于遇到了难得的幸运，在早期就配备了一套特别好的习俗，这是一些人的杰作，在某种程度上，即使是最开明的欧洲人也必须（在一定的限制条件下）尊称这些人为圣人和贤哲。……做到这一点的人民无疑已经发现了人类进步的奥秘，必已牢牢地站在世界运动的前列。恰恰相反，他们已经变成静止不动的了，维持现状达数千年之久；如果说他们还会有所改进，那必定是外人做的。他们在我们英国慈善家们正如此辛勤劳作的方面已经大获成功，超乎人们的期望，这就是使一个民族人人都雷同，以同样的格言和规则来管制他们的思想和行为；而这就是成果。[②]

当然，我们也许不会接受密尔关于中国几千年原封不动的诊断，但密尔将中国近代的衰落归于缺乏自由和多样性，这还是值得我们思考的。

---

① 密尔，《论自由》，第76页。

② 同上，第76页。

六、自由原则的运用

在讨论了个性问题之后,《论自由》第四章和第五章集中讨论“社会对于个人的权威之限度”以及群己权界原则的应用。大体而言,这两章是导论中所提出的“极简原则”之展开与细化。在阅读了密尔关于个性的激情洋溢的讨论后,读者可能会有一种从抽象的形而上学的巅峰突然掉到具体事务的谷底感。不过,从另一角度看,这两章所展示的细腻、平衡、严谨而理性的论证方式正是典型的英国法律人的论辩风格。惟其如此,密尔这两章中关于自由及其界限的论述成为英国法哲学的重要文献。

如前所述,密尔在《论自由》“导论”中将个人的行为划分为涉己和涉他两部分。现在,他再一次重申在“导论”中表达的自由原则:“生活中主要涉及个人的那部分应当归属个性,主要涉及社会的那部分应当归属社会。”①

不过,“极简原则”貌似简单,在实践应用中却绝非易事。任何社会都必须在进步与秩序中求得平衡,对于密尔这样一位自由主义者而言,也必须找到这种平衡。自由主义不同于无政府主义,自由主义尽管强调个人自由的价值,但个人自由也必须有限制,必须有权威的存在。如何确定个人与权威之间的权利分界是自由主义必须处理的核心问题。

在处理群己权界问题时,密尔首先界定了个人的责任或义务。个人必须在社会中生活,依靠社会获得安全与保护,因此,个人必须遵守某些行为规则。个人对社会的基本义务有两条:第一,不伤害他人利益。密尔的原话是“不损害各自的利益,或者毋宁说不损害法律明文规定或默认理解中应当认作权利的某些利益”。第二,“每人在

---

① 密尔,《论自由》,第79页。

保护社会或其成员免遭损害和阻碍而付出的劳动和牺牲中承担自己的份额(以某种公平原则予以规定)”。我们可以将纳税、服兵役理解为这类行为。这两类行为是个人对社会的基本责任,如果个人未能履行这些责任,“社会有理由以一切代价去实行强制”。第三,除了上述两类需要负法律责任的行为外,“个人的行动有可能伤害他人,或者未给予他人的福祉应有的考量,但又未达到侵犯其任何既得权利的程度。这时,尽管不是通过法律来惩罚,也应正当地通过舆论来惩罚”。①

在这些责任和义务之外,如果“当一个人的行为并不影响除自己以外的任何人的利益时”,或虽影响他人利益但得到对方(指成人)的同意,“每个人应当拥有采取该行动并承当其后果的完全的自由,无论是法律的还是社会的自由”。②

为了更清晰地阐释密尔的自由原则,英语世界的不少研究者将密尔提到的两类行为称为涉他(other-regarding)行为和涉己(self-regarding)行为。③ 不过,需要提及的是,尽管密尔的理论在事实上包含如此区分,但密尔本人仅使用过“涉己”的说法,并未用过“涉他”这个术语。

密尔曾比较明确地界定过“涉己行为”。所谓涉己行为,是指对其他人没有影响或虽有影响但得到他人同意的行为。当然,这里指的他人同意是对有成人行为能力的人而言。

应该说,这样的划分是颇为机械的。学过唯物辩证法的人都知道,世界上万事万物都会存在某种联系。任何人的行为都不可能在严格意义上仅仅涉及自己,所有行为都会有某种有意或无意的后果,

---

① 密尔,《论自由》,第79页。

② 同上,第82页。

③ 参见 C. L. Ten, *Mill on Liberty*, Oxford: Clarendon Press, 1980。

对他人造成影响。密尔不会没注意到这一点,为了防止概念的误用,他对涉己与涉他行为作了严格限定。密尔写到,"我在此说只影响到其本人,是指直接的、最初的影响;因为,凡影响到其本人的,也许都会通过他本人而影响到其他人。"[①]这里,"直接的"、"最初的"两个词十分关键。直接的(directly)比较好理解,"最初的"英文原文是"in the first instance",意指无须推论的。为了理解密尔的意思,我们可以举出密尔在著作中的一个例子。如果一个人由于不知节制,挥霍无度,从而无力承担抚养和教育子女的义务,是否构成伤害子女的行为呢,是不是属于法律可以干涉的涉他行为呢?密尔的回答是否定的。原因在于,这种意义上的伤害是间接的、经过推论的。一个人可能并不是因为挥霍无度而无力承担抚养和教育子女的义务,他完全可能是将自己的钱用来进行一项"最审慎的投资",但不幸投资失败,血本无归,难道法律可以干涉这种行为吗?

作了如此划分后,密尔明确提出有几类行为不应成为法律干预的对象。

第一,法律不应该基于"父爱主义"原则干预个人行为。父爱主义是指政府为了维护个人的利益而以法律或公共政策的手段限制个人的自由,颇似慈爱的父亲为防止无知的子女作出伤害自身的行为而进行干预。密尔大概是西方思想史上最早明确反对父爱主义的思想家。他明确拒绝社会借口为了某人物质的或精神的好处而干预某人自由。密尔的理由很简单:"对于一个人的福祉,其本人关切最深",而且往往是理解最深的。[②]

应该说,密尔如此明确而坚决地拒绝父爱主义,在政治思想领域

---

① 密尔,《论自由》,第14页。

② 同上,第80页。

是颇为独特的。今天,即令在自由主义阵营内,通常也不会完全排斥父爱主义的举措。我们所熟悉的许多法律,实际上都是以父爱主义为原则的。譬如,法律要求汽车驾驶员系安全带,其目的当然是为了驾驶者好,而不是为了防止他"伤害"他人。又如,许多国家都会制定消费者保护法,为了保护消费者的利益而阻止消费者购买不安全的产品。

第二,除了父爱主义外,密尔明确反对社会根据共享的或主导群体的道德或习俗干预个人自由。不能因为某些个人行为在别人看来不正当而用法律或法律之外的手段进行干涉。密尔秉持功利主义法哲学的一贯原则,明确区分法律与道德两个领域。法律惩罚的唯一对象是涉他行为,尤其是伤害他人利益和权利的行为。至于违犯道德准则的行为,则不是法律所应当关注的事务。用密尔的话来说,法律不应该充当"道德警察"。①

密尔举出若干法律充当道德警察的事例。譬如西班牙用法律强制人们按照特定的仪式崇拜上帝;新英格兰清教徒主导的地区取消几乎一切私人娱乐;美国出于道德理由禁酒等等。

密尔注意到,所有这些以公众道德为依据限制个人自由的做法往往会以防止对"社会权利"的侵犯为借口。譬如,美国禁止烈性酒的主要理由是,"它破坏了我安全保障的首要权利,因为它经常造成和激起社会骚乱。它侵犯了我的平等权利,因为它从制造贫困中获取利润,而这贫困却要由我的纳税来资助。它还侵害了我的道德和智力自由发展的权利,因为它在我的道路周围遍布危险,削弱了社会力量,败坏了社会道德,而我有权向这个社会提出相互帮助和交往的

① 密尔,《论自由》,第 89 页。

要求。"①

仔细品位密尔引用的这些关于出售烈酒侵犯社会权利的说法，这些说法至今仍然构成保守主义政治理论的基调。保守主义与自由主义的根本区别在于，前者或多或少会持一种社会有机体理论，而后者则大多以机械主义为出发点。德国社会学家滕尼斯用社群（community）和联合体（association）来描述二者对社会群体的基本看法。有机体理论把社会看作一个具有内在联系的共同体，个人是该共同体的成员；而机械主义则倾向于把社会看作是个人的联合体，除了个人利益之外，不存在抽象的社会利益或群体利益。

七、结束语

上文按照《论自由》的章节顺序诠释了密尔的自由理念。我希望借助当代一些自由主义研究者的观点对密尔的自由理论作一简要概括。

以赛亚·伯林高度崇敬密尔对个人自由的执着追求。"对于那些渴望一个开放与宽容社会的人，密尔仍然是他们的立场的最清晰、最诚实与最有说服力的表达者。这样说不仅仅是因为密尔心灵的诚实，或者他的文章的道德与智识魅力，而是因为这样一个事实：关于人类的那些最基本的特征与志向，他说出了某些真实而重要的东西。"②

当然，密尔的贡献不仅仅在于对自由的执着追求，更难能可贵的是，他具有对现代社会高度的敏锐观察，并试图在这种洞察力的基础上将英国自由主义的理性主义与从欧洲大陆引进的浪漫主义结合在

① 密尔，《论自由》，第94—95页。

② 伯林，《自由论》，第279页。

一起，为个人在现代社会追求自由与个性提供一条路径。用伯林的话来说，“密尔的理想并不是原创性的。它是理性主义与浪漫主义的融合：歌德与威廉·洪堡的目标；丰富、自发、多面、无惧、自由、理性并自我导向的性格。密尔意识到欧洲得益于‘道路的多样性’之处颇多。从纯粹的差异性与异见中产生了宽容。”①

恰恰是这一特征使密尔的自由理论超越了启蒙运动时期的自由主义。用当代著名的密尔研究者约翰·格雷的概念来表述的话，密尔的自由理念超越了洛克等自由主义前辈的普遍主义自由主义框架。“密尔用其一生的大部分时间试图调和启蒙运动的普遍主义文明方案与他的后浪漫主义理念，后者怀疑启蒙运动的普遍主义文明方案会威胁自由与多样性。”②

当然，密尔未能成功地调和启蒙运动与浪漫主义在自由问题上的张力。我们甚至有理由怀疑，这种张力是否可能在哲学层面得到调和。但是，密尔至少认识到启蒙运动方案的局限性，认识到以普遍主义为基础的自由理念会危及多元主义的社会与文化目标。他提出以崇尚个性的方式既维护个人自由又追求多样性，这不仅在理性主义高扬的19世纪是难能可贵的，即令在后现代主义大行其道的21世纪也具有重要的理论意义。

---

① 密尔，《论自由》，第276—277页。

② John Gray, *Two Faces of Liberalism*, p. 29.

译者序

约翰·斯图亚特·密尔(又译穆勒)是19世纪英国著名哲学家、逻辑学家和自由主义思想家。这本《论自由》最初出版于1859年,是密尔最具个人特色,也是影响最大的一部著作。这部论述自由主义理论的代表作,也是西方政治哲学和人文教育的一部经典教材,以致被人认为如果不读它,就不了解自由主义的真谛。如果要列举西方从古到今人文思想的二十部经典,本书定可入选。一个半世纪以来,本书不仅对于西方的思想界产生了持久而深远的影响,而且对于东方的思想启蒙和社会变革也产生了重要的冲击。本书的中文本最早由曾经留学英国的中国启蒙思想家严复翻译,名叫《群己权界论》。后来还有其他一些译本,在我国近半个世纪里发行最多的中文本是商务印书馆出版的程崇华翻译的《论自由》,另外一个许宝骙的译本相较于前面这个版本则几乎没有什么差别。随着时代的变化,我国思想界的状况、术语的使用和语言的表达方式均发生了不小的变化,因而有必要出一个新的中文译本。这也是本人二十年来的一个愿望。今应译林出版社之约而重新翻译这部名著,以飨读者。

密尔的生平并不复杂。其父詹姆斯·密尔(James Mill,1773—1836)是英国功利主义的代表人物之一,也是边沁最得力的弟子,与马尔萨斯和李嘉图等人关系密切。老密尔曾服务于东印度公司,并主编过各种杂志，宣传并论述功利主义和自由主义的基本思想。他对小密尔的教育可谓别出心裁、不遗余力，主要靠在家亲自授课和请人授课，加上大力鼓励密尔自学而使其成才。在老密尔的熏陶下，小密尔成了功利主义晚期阶段的著名代表人物，现代自由主义思想的经典阐释者。密尔年幼时便打下了丰富的知识基础，十四岁时在法国攻读法律，十七岁回国，组织了“功利主义社”，传播功利主义和自由主义思想，同年到东印度公司任高级职员长达三十五年，直到该公司在印度大起义时撤消为止。1866 年至 1868 年曾任英国下院议员。在此期间批评政府，主张改革，包括妇女参政和爱尔兰土地改革。密尔一生著作颇多，涉及许多领域。反映政治观点的除了这本《论自由》以外，还有《代议制政府》(1861)、《功利主义》(1863)等。

密尔理论的出发点是功利主义，但他也对边沁的功利原则作了局部的修正。边沁认为快乐只有量的差别，没有什么质的不同，快乐本身就是一种善。密尔则认为，快乐不仅有量的差别，也有质的不同，因而有高低优劣之分。因此他强调，理性的、道德情操的快乐比仅仅出于感官方面的快乐有更高的价值。“做一个不满足的人比做一个满足的猪好，做一个不满足的苏格拉底比做一个傻子好。”①密尔对边沁的最大幸福原则也作了进一步的修正，他强调社会感情，强调功利主义所追求的是社会全体的快乐、幸福和功利，人们在追求幸福时要平等地顾及一切人的利益。边沁提出的功利主义由于过分集中于个人快乐和幸福而受到人们的批评，密尔对此便用社会感情、平等权利和高质量的快乐来冲淡其功利主义的成分，试图用人类的社会感情来把个人利益与全体利益协调起来。同时，在自由主义思想特别是强调个人自由方面，密尔则超出了边沁等人，作出了更为全面

① 密尔，《功利主义》，商务印书馆，1962 年，第 10 页。——译注

而系统的深刻阐述。他对经济自由和代议制政府的政治改革也提出了一些独到的见解。

功利主义理论不同于此前的自然法理论，因而对权利的阐述也颇不相同。后者把权利当作天经地义的前提，由此来推导出正义、法律、社会组织的合法性。密尔则采取了与自然法相对立的功利主义的理论前提，在对权利的解释上也不例外，他最终把权利与总体功利联系在一起，认为拥有一种权利是社会应当捍卫个人持有的东西。如果反对者继续发问，为什么应当捍卫？他所能给的回答只是总体功利。可见权利在密尔那里不是一种抽象的观念，而是与总体功利相对应的东西。他之所以坚决捍卫自由主义的原则，强调个人思想和创造性、经济和政治活动的自由，主要依据正在于只有这样才能使社会的总体功利达到最大值。反之，扼杀自由的最大代价是全社会的平庸、懒惰，缺少真知灼见和决策的合理性，最终导致总体功利的巨大损失。非常有趣的是，在近现代自由主义的理论基础中，功利主义和自然法或自然权利理论本是相互排斥的，但相应的理论家大多论证了自由主义的基本结论，可谓殊途同归。

在《论自由》这部篇幅不大的论著中，密尔改变了他父亲一代功利主义的基调。正如密尔本人所说的，老一代功利主义者并不是追求自由，而是向往开明政治，因为开明政治更有效率。而到了密尔这里，思想、信仰、学术和言论的自由，个人内心道德判断的自由和个性的充分发展，其本身就具有价值。因此这与最大多数人的最大幸福这个纯功利原则已有所区别。因而在这里，密尔已经把捍卫个人自由权利当作一种神圣不可侵犯的根本原则。这自然也是现代充分发展起来的资本主义自由竞争经济的一种哲学反映。

密尔在《论自由》一开头就指出，他所要讨论的是“公民自由或社会自由:社会可以合法地施加于个人的权力之性质和界限”。[①] 他在这里把社会自由与哲学上相对于必然性而言的自由明确地区别了开来。在密尔看来,这虽然不是个新问题,但却很少有人作一般性的理论概括,而且它具有重要的实践意义,它不久就会被公认为未来的重大问题。密尔指出他全书的要义就是两条格言:“第一,个人的行为只要仅涉及自身而不涉及其他任何人的利害,他就不必向社会承担责任。其他人在为了他们自己的利益而认为有必要时,向他提出忠告、指教、劝说以致回避,这些是社会对他的行为正当地表示不喜欢或责难时所能采取的唯一举措。第二,对于损害他人利益的行为,个人则需要承担责任,并且在社会认为需要用这种或那种惩罚来保护它自身时,个人还应当承受社会的或法律的惩罚。”一言以蔽之,密尔致力于划清个人与社会之间的权利界限,强调个人的行为只要不涉及他人的利害,那就不应该受到限制。

密尔对自由的必要性和重要性作了系统的阐述。他不像前人那样把个性和个人判断的自由仅仅看作是可容忍的坏事,而是认为政治自由的真正论据是它能造就高尚类型的道德品格,并为人的道德发展留有广阔的活动余地。因此,《论自由》主要不是呼吁减少政治压迫,或者改变政治组织,而是主张真正的社会自由,它包括:第一,意识的自由,即最广义的良心的自由,在思想和感情方面,在实践的和理论的方面,在科学、道德、神学和信仰等问题上的自由,发表和表达意见的自由;第二,个人旨趣的自由,即自由制订个人生活计划,以顺应自己的性格,自由照自己所喜欢的去做,实现个性的充分发展;第三,个人之间联合的自由,如在经济、贸易、生产、生活各方面的自愿联合。下面对此作较详细的评述。

① 参见本中译本,以下引文同。——译注

一、密尔首先讨论了思想和言论自由的重要性。

他认为，无论是用人民的名义，还是用政府的名义来压制这种自由，这种权力本身都是不合法的，最好的政府并不比最坏的政府更有权力来压制它。如果全人类对某一问题意见一致，只有一人持相反看法，那么，人类要这一人沉默并不比这一人要使人类沉默更为正当。“迫使一个意见不能表达的具体的恶乃在于，它是对整个人类的掠夺，无论对后代还是对现有的一代都是一样，这对不同意该意见的人甚至比对持有该意见的人还要严重。如果该意见是对的，那么他们就被剥夺了以错误换取真理的机会；如果该意见是错的，那么，他们就失去了差不多同样大的收益，即从真理与错误的碰撞中产生的对真理更加清晰的认识和更加生动的印象。”密尔进而论证道，支持思想和言论自由的论点有两个：(1)我们永远也不能确信试图压制的观点一定是谬误；(2)我们即使确信它是谬误，压制它也仍然是个罪恶。就第一点而言，因为任何人也不能代替全人类来决定一个观点的真伪。尽管专制君主或惯于服从的人常常对某种观点的正确性确信无疑，但事实证明，这样的观点往往是错误的。而“现在流行的许多看法将被未来的时代所抛弃，就像现时代抛弃许多过去曾经流行的看法一样”。

密尔认为，人们必须学会如何使自己的思想少犯错误，而纠正自己错误的最好办法是自由讨论，允许别人批评自己。他强调，一个意见因为在各种机会的竞斗中未被驳倒而假定为正确，这是一回事，为了不许对它驳辩而假定其正确性，这是另一回事。这两种态度之间存在着根本的区别。任何人，甚至最聪明最有资格相信自己判断的人，也应当将自己的意见放到公众面前审核。“甚至教会中最不宽容者罗马天主教会，在授封圣徒的时候，还允许并耐心倾听‘魔鬼的鼓吹’。对人中最神圣者，直到弄清并权衡了魔鬼为反对他所能说出的所有的话之后，看起来才能许以身后的荣誉。即使是牛顿的哲学，如果不允许对其提出质疑，则人类对其真理性也不会像现在这样感到有完全的把握。我们的一些最有把握相信的信条，除了一份对全世界都来证明其是否有根据的长期邀请以外，并没有什么可以依靠的保障。”人们曾经相信真理永远战胜迫害，密尔说这是一个乐观的谬误，因为历史上富有迫害行为压灭真理的事例。“即便不是永远扑灭，也会使真理倒退几个世纪。”“如果以为，真理只因其为真理，就具有什么抵制错误的内在力量，面对地牢和火刑柱而挺立不倒，那就只是一种空洞的句文。人们热衷于真理，并不强过他们经常热衷于错误，运用足够数量的法律惩罚甚或社会的惩罚，一般就可成功地制止二者的传播。真理所拥有的真正优越之处在于：一个观点只要是真的，它可以一次、两次甚至多次被压灭下去，但在岁月流逝的过程中，一般总会看到重新发现它的人们，直到它的某一次重现正值有利的情势，逃过迫害，直到它崭露头角，抵抗住随后压制它的一切尝试。”因此，即使存在第二种情况，即公认观点是正确的，那么它与对立错误之间的冲突也有助于人们明白地理解和深刻地感受其正确性。这也就是通常说的真理越辩越明。否则，真理的接受者就像是抱持一种偏见，并没有理性的依据。宗教的教义如果成了仅仅形式上宣传的东西，那它对于致善行善也是无效的，因为它妨碍人们寻求依据，阻碍他们从亲身体验中得出由衷的信念。更何况世界上的许多原则和意见都介于真理与谬误的中间状态，一些对立的见解实际上处在真理的两端，需要对方来补充和充实自己。密尔举了18世纪的启蒙思想家与大众的流行见解，诸如政治方面的进步与保守，民主政体与贵族政体，财产平等与竞争等等，还有一些公认的教义和原则，都属于这种情况。所以，通过言论自由而从对立意见中修正自己的观点，是十分必要的。

当然，密尔并不认为言论自由是绝对的、无条件的，他声明自己不是硬性主张只要无限制地实行言论自由，就可以制止宗教和哲学上的宗派主义祸害。相反,他也看到,容量狭隘的人对于真理认真起来时会竭力主张,反复教导,以致认为世界上别无其他真理。过于偏激和讨论也不一定可挽救宗派倾向。因此,密尔肯定一切意见应当允许其自由发表,但在方式上须有节制,不要越出公开讨论的界限。如果在辩论中反对者表明强烈的情感,触犯了对方,使之难于作答,那就容易被对方当作无节制的反对者。密尔强调辩论方式上的公正性,在情绪上不应带有恶意、执迷和不宽容,而应冷静、诚实地看待对方的意见。但这一切绝不意味着因为不同意对方所持的观点本身而有权压制其发表。应当加以惩罚的是发表的意见足以导致某种祸害的积极煽动。比如有个意见说粮商是使穷人遭受饥饿的人,或者说私有财产是一种掠夺,这种观点假如仅仅在报纸上流传,那也不应遭到妨害,但如果是对着一大群聚集在粮商门前的愤怒的群众以口头方式或者以标语方式宣传,那就应加以惩罚而不失为正当。可见密尔对于过激言论仍划分了一条界限,只有那种产生直接煽动社会祸害结果的言论才能受到惩罚。

二、密尔尤其强调个性的自由发展不仅是促进社会进步的重要因素,而且是人性的本质要求。

“人性不是一架机器,不能按照一个模型铸造出来,并且开动它一丝不苟地去做为它规定好的工作;它毋宁是一棵树,需要按照使它成为活物的内在力量的趋向生长,并在各方面发展起来。”只要不涉及他人,个性就有维持自身和自由发展的权利。“哪里不以本人自己的性格却以其他人的传统或习俗作为行为准则,哪里就缺少人类幸福的基本因素之一,而且恰恰是个人和社会进步的主要因素。”密尔特别不满于人们常常对这个目的本身漠不关心。而要自己选定生活方案,就不能仅靠猿猴般的模仿力,而要使用自己的一切能力,必须使用观察力去看,使用推论力和判断力去预测,使用活动力去搜集材料，使用思辨力去作决定，还要事前事后的周密思考，而这些都可以激发个性的充分发展。“最富于自然情感的人也总是可以培养出最强烈的教化情感的人。使得个人冲动生意盎然而强大有力的那种强烈的感受性，也正是对美德最炽烈的热爱和最严格的自我节制所得以产生的源泉。”

密尔还从对加尔文教的评论中进一步阐发了他的自由思想。加尔文教把自我意志看作是人的一项罪恶，认为人类所能及的一切善行都可包括在服从这个词之中。“只要不是义务，就是罪恶。”密尔对此颇为反感。当宗教改革冲破中世纪对人性更为严酷的束缚时，加尔文教起了积极的作用，但到了资本主义充分发展的密尔的时代，加尔文教那种“除了向上帝的意志投降的能力以外，人本来不需要能力；人运用其能力，除了更有效地执行那个假设的意志以外，如果还有任何其他目的，那还不如没有能力为好”的说教已经过时。“人成为高贵而美丽的沉思之客体，绝不是靠把他们当中一切个性的东西都磨砺得千篇一律，而是靠在他人的权利和利益容许的范围内把个性培养起来、发扬光大。”个性的充分发展也加强了个人与民族、社会联系的纽带。每人都变得对自己更有价值，对他人也能够更有价值，群体的生命力自然也可增强。而“要想每人的本性得到公平的发展，重要的是应当允许不同的人过不同的生活。任何一个时代行使这项自由的程度有多大，该时代值得后代关注的程度就有多大。即使是专制主义，只要人的个性在其中还存在，那就还没有产生它的最坏结果；而且，任何压垮个性的制度都是专制主义，无论它叫什么名称，也无论它声称自己执行的是上帝的意志还是人的指令”。

密尔认为，即使是那些惰性较强、不善于独立思考和抉择、不要自由也不想受自由之惠的人，仍然可以从充分发展了的个人那里学到一些东西。正因如此，密尔强调天才和杰出人物为社会发展作出的贡献。“首创性是人类事务中一个有价值的因素。永远需要有一些人不但发现新的真理，并指出曾经的真理在什么时候已不再是真理，而且在人类生活中开创一些新的做法，并树立更开明的行为、更好的趣味和见识的榜样。”天才人物永远是极少数；但他们却好比是地上的盐，没有他们，人类生活就会变成死水一潭。人类不仅依赖他们来创造新事物，也依靠他们来维持已有事物的生命。为此，就必须保持能让他们生长的土壤。“天才只能在自由的**空气**里自由地呼吸。按照定义，有天才的人比任何其他人都具有更多的个性。”唯其如此，就更不该让他们去适应少数统一的模子，这些模子是社会为了省去其成员形成个人性格的麻烦而预备好的。因此，密尔坚持让天才在思想和实践上得到自由舒展的必要性，特别要求克服实践上阻碍天才发展的一切障碍。他指出，当时世界的一般趋势是使平凡性在人类之中造成了占优势的势力，使个人消失在人群之中。这种民众主义倾向是法国启蒙思想家和大革命的一个产物，密尔对此颇不以为然。尤其是那些群众不是从天才和公认的领袖人物那里取得真知灼见，而是让与他们自己很相像的人代他们思考，其结果是一种广泛的平庸。民主制或多数贵族制的政府也陷入了这种平庸的境地。因此，密尔大声疾呼应该让天才的声音广为传播。他们的首创性首先可以打开无首创性的人们的眼界，从而使这些人渐渐变成有首创性的人。密尔认为，他绝不是主张天才用强力统治世界，而只要他们指明道路。所以尤其需要让天才发挥其个性，鼓励他们去说话和行动。“在今天这个时代，只是不愿苟同的一个榜样，只是拒绝向习俗屈膝服从，这本身就是个贡献。正是由于观点的暴政已使怪异性成为谴责的对象，为了打破这种暴政，可取的做法是：人们应该标新立异。凡是性格力量充实的时候和地方，标新立异也充足；一个社会标新立异的数量，一般总与该社会所包含的天才、精神活力和道德勇气的数量成正比。今天敢于标新立异的人如此之少，正是这个时代主要危险的标志。”从这个意义上说，密尔的自由主义中包含精英主义的成分，他把杰出人物的脱颖而出看作是人性自由发展的必然结果和促进因素。

三、社会在什么条件下才能对个人实行强制或法律惩罚呢？

密尔主张的自由放任主义并不是绝对的个人行动自由，而认为个人的自主权是有限制的，但这种限制必须是正当的。为此，他明确规定了这样几个限制条件：第一，个人彼此互不损害利益，互不损害法律明文规定成员在默契中认作权利的确切利益；第二，每人都要在为了保卫社会或其成员免遭损害而付出的劳动和牺牲中担负一份责任；第三，如果某些行为有害于他人，或对其福利缺乏应有的考虑，但又不到违犯其任何既得权利的程度，这时，违犯者应当受到舆论的惩罚，而不是法律的惩罚。然而社会所能制裁的也仅此而已。至于个人性格、表现、行为上的一些缺点，如鲁莽、刚愎自用、自大、妒忌、放纵等等，这些只能引起别人对他观感上的不佳，但只要不涉及他人利益，社会就无权加以制裁。当然，在许多情况下，这些个人行为是否危及或损害社会利益还难以截然划清。但密尔强调，如果一个人的行为既没有违反公众的任何特定义务，也没有对别人产生可觉察到的伤害，由此而产生的对社会的损害又只属于非必然的，或者可以说是派生的性质，那么，这些行为带来的那点不便利，与人类自由更大的利益相比，也是能够承受的。

密尔对个人在社会中的自由问题所作的这些正反各个方面的论述，可谓集自由主义思想之大成。他用简明的逻辑论证了社会与个人自由的严格界限，但其总的倾向是强调对于那些天才、杰出人物，如何在自由的环境下不受拘束地充分发展，因而仍然是为此类社会中的个性发展作论证的。

四、经济自由主义。

密尔还把他的这种自由主义理论直接推广到经济生活，尤其是推广到与自由竞争有关的活动中去。他认为，一个人在合法的竞争中获胜，也许会使失败的对手感到痛苦和负担，但对于这些失望的竞争者，社会并不承认他们在法律或道德方面享有免除这类痛苦的权利，也没有义务进行干涉。贸易本来是个社会行为，由于货物总向公众出售，因而直接涉及到他人利益，有人便因此而主张政府限定商品价格和规定制造程序。但密尔强调，实现价廉物美的最好的办法仍然是生产者和消费者的完全自由，以购买者可以随意到处选购来制约生产者和销售者。在密尔看来，对贸易的限制和对生产的限制都是约束，而约束就是罪恶。他又认为，一些经济约束均未产生发展原来希望得到的结果。因此，密尔对具体经济立法的界限并未阐述清楚，而是依靠习惯来判断。比如他认为，禁止出售毒药，禁止对中国输出鸦片，是干涉了购买者的自由（这里显然主张对经济活动毫无约束），但对儿童实行强迫教育却不是侵犯自由，而为了维护公共卫生和福利，密尔又打算接受一项庞大而不明确的工商业规章制度。

密尔在本书结尾专门谈到政府干涉经济活动的限度问题。他说，有三种情况是政府不应干涉的。第一，所要办的事，若由个人来办会比政府来办更好些。例如，对工业生产过程这种事，政府官员或立法机关就不应予以干涉，而应由企业主自己来办。第二，有许多事，虽然由一些个人来办一般看来未必能像政府官员办得那样好，但仍适宜由个人来办。因为这样可以加强个人主动的才能，锻炼个人的判断能力，充实个人的知识。有了这种自我管理的习惯和力量，才能维持自由组织的生命。“在一些国家，政治自由并不是建立在地方自由的坚实基础上的，因而往往带有稍纵即逝的性质……纯粹地方性事务由地方来管理，大工业企业由自愿出资者的联合组织来管理……政府的运作趋向于千篇一律。相反，在个人和自愿联合组织那里,倒进行着各种不同的实验,获取无穷多样的经验。政府能够有意地去做的,只是使自己成为一个集中保管者,许多实验所得出的经验的积极分发者和传播者。其任务在于使每一个实验者都能从他人的各种实验中获益,而不是除了自己的实验以外其他人的实验都一概不予容忍。”第三,不必要地增加政府的权力,会有很大的祸害。因为这种增加会使得活跃而富于进取性的一部分公众越来越成为政府的依存者。例如公路、铁路、银行、保险机关、大学、公共慈善机关变成政府的分支机构,各种从业人员从政府领取薪金。“这个行政机器构建得越是高效和科学化——网罗能力最强的高手来操纵这个机器的安排越是精巧,其祸害就越大。”

当然,密尔的经济自由主义也与古典经济学家和边沁等人有所不同。他出于实际的目的,放弃了边沁认为立法在本质上是不好的,应予抛弃的观点,并承认除了行使法律的强制以外,还有其他形式的强制。他还批评古典经济学家把具有普遍性的不可避免的生产条件与工业产品的分配条件混淆了起来,因为这些分配条件是历史地发展的,属于公共政策的范围,因而可以由立法来管理。因此,密尔(尤其是在晚年)也放弃了纯粹自我调节的竞争性经济制度的教条,而提出了立法与经济的关系、立法与维持自由市场的关系等问题,他也对资本主义社会的不公正怀有道德上的义愤,认为这种分配劳动产品的方式颠倒了劳动和资本在生产中所占的比例。可见他在坚持个人首创性、反对家长式统治、要求政府较少干预的基本前提下,也考虑到通过立法来解决分配不公等经济和社会问题的改良方案。

密尔生前身后受到的议论可谓纷繁,甚至也有人认为他是受其长期挚友、后来成为他妻子的哈莉特·泰勒的一些极端观点的影响而写成这本《论自由》的。无论如何理解,密尔的自由观仍然是其一贯思想的核心。密尔对个体性的强调乃基于他对自己时代的一种深沉的忧虑。19 世纪的英国受到民主化和大众化的影响,社会一直行发一种趋同化的现象，造成人们普遍的类似性，亦即广泛的平庸。因此，密尔恐惧“多数的暴政”，更恐惧“社会的暴政”，因为前者是多数压制少数，至多只是压抑少数人意见的表达；而后者则不止于此，它更积极地逼使社会中非主流的意见向主流意见靠拢、整合。结果是社会愈趋向齐一，不同的意见和个体的创见便愈难有存在的余地。密尔的这种担忧并不是多余的，事实上，到了20世纪，在相当一些国度里这种社会的暴政不仅没有减轻，反而进一步恶化，如纳粹德国和斯大林主义。其结果不仅少数人的真知灼见难以表达，而且这少数人还要因种种罪名受到残酷迫害，甚至少数民族（如犹太人）的生命也在被虐杀之列。从此来看，《论自由》所表达的基本观点就不受其时代所局限，而具有永恒的价值。

译者在翻译这个文本的过程中参考了程崇华的中译本。为保持英文版的原貌，这个文本一概遵照英文版的原段落划分（故段落的平均篇幅较长）；同时也在不影响原意表达的前提下尽量采用原标点符号。文中人称代词泛指时用“他”，这在密尔那个时代是正常的，当然到今天已经不合潮流，为尊重历史，译者未予改变。正文中用*符号标记的脚注系密尔自己所作，用阿拉伯数字表示的脚注为译者所加（参考了本书英文版本的编注）。翻译这样一部一百五十多年前写成的名著，的确是一件艰难的工作。错误和缺点在所难免，译者诚恳地欢迎读者批评指正。

顾　肃
2009年8月谨识于南京

本书的全部论证，指向一条最基本而首要的原则，亦即，人类最丰富而多样的发展具有毋庸置疑的重要性。

——洪堡，《政府的权限与责任》

这是对她珍贵而悲痛的纪念，她是我作品中所有最佳部分的灵感启发者、某种程度上的作者——作为朋友和妻子，她对真理和正义的高贵感悟是对我最强烈的激励，她的嘉许是对我的主要奖赏——我因此而将本书奉献给她。和我在许多年里所写的所有作品一样，本书属于我，也属于她；但是，本书现在所呈现的样子，乃不可估量地得益于她的修改，即使这样说也不充分；它的某些最重要的部分一直留待更加精心的再推敲，此愿现在已无法实现了。对于埋藏在她墓中的伟大思想和高贵情感，倘我能向世界说明一半，则必将让世界更大地受益，失去她绝顶智慧的鼓舞和襄助，我能写出的任何东西都黯然失色。①

---

① 这是密尔在本书扉页致他长期的密友、相识二十一年后成为他妻子的哈莉特·泰勒的献辞，从中不仅可以看出密尔对她的感情之深，而且也反映出密尔的思想受她的影响之大。——译注

第一章 导 论

本文的主题不是所谓的“意志之自由”，即不幸与那个被不当地称呼为哲学必然性的学说相对立的东西；而是公民自由或社会自由，即社会可以合法地施加于个人的权力之性质和界限。很少有人陈述这一问题，也几乎无人用通常的用语对其进行讨论，但它却潜移默化地、深刻地影响着现时代的一些实际的争议，并且可能很快就会被承认为未来的关键问题。它绝不是什么新问题，以致从某种意义上说，它几乎从最遥远的古代开始就一直把人类区分开来；但是，在人类中比较文明的那些部分当前已进入的这个进步阶段中，它又在新的条件下展现出来，并且要求人们给予不同的、更为根本的对待。

在我们最早熟悉的历史，特别是希腊、罗马和英国历史的那些部分中，自由与权威之间的斗争是最显著的特征。然而在旧时代，这种斗争是在臣民或某些阶级的臣民与政府之间进行的。所谓自由，即是指防御政治统治者的暴政。一般认为，统治者（除了古希腊的一些平民政府以外）必然处于与他们所统治的人民相对抗的状态。他们由实行统治的某个“独夫”、某个统治的宗族或世袭阶级所组成，通过继承或征服来获得其权威，在任何情况下都不会通过取悦于被统治者来维持其权威；对其至高无上的地位，人们不论会采取什么措施去预防其压迫性运用，也从来不敢冒险、甚或不想去提出挑战。他们的权力被视为必要的，但也是十分危险的；就像是一种武器，他们会试图以此来对付其臣民，和对付外部敌人一样。为了保障群体中的弱势成员免遭无数秃鹫的劫掠，需要授权一个比其他成员都强大的食肉动物去压服它们。但是，鹫王喜欢捕食该群体，这一点并不亚于喜欢那些较小的雕群，该群体不得不经常采取防御这个鹫王爪牙的态度。正因如此，爱国者的目标就是对统治者施加于群体的权力设定其应当受到的一些限制；而这个限制就是他们所说的自由。这样做的方式有两种。第一种方式，获得对某些豁免权，即所谓政治的自由或权利的承认，统治者如果侵犯了这些自由或权利，就可认为是违背义务，而统治者如果真的侵犯了这些权利，那么，具体的抗拒或一般的造反就可以得到证成。第二种方式一般来说也是更晚近的方式，是确立一些政制制约，使统治权力的某些比较重要的行为必须得到社群或设想为代表其利益的某种团体的同意。在这两种限制方式中，第一种曾在多数欧洲国家迫使统治权力或多或少有所屈服；第二种限制却没有做到这一点；要实现这种限制，或者在已经达到某种程度的限制时实现更加完全的限制，就都成为全世界爱好自由之人的主要目标。纵观历史，只要人类还愿意以一个敌人去攻打另一个敌人，并且愿意让主人来统治自己，只要多少还有些成效地，能够应对主人的暴政，他们的渴望就还没有超越这一点。

但是，在人间事务的进步中，一个时代来临了：人们不再认为统治者作为一种在利益上与自己对立的独立权力有什么自然的必要性。在人们看来，如果能够让国家的各种官员成为他们的租户或代表，可以按照他们的意愿而撤消之，那就好得多了。看起来，只有如此，他们才能得到充分保障，政府权力永远不致滥用到损害他们的利益。统治者由选举产生、任职短期的这种新要求逐步变成了大众政党（如果这种政党曾经存在过的话）所致力于实现的突出目标，并且在相当大的程度上取代了以前限制统治者权力的各种努力。随着这种使统治权力出自被统治者定期选择的斗争一直持续，有些人开始认为，以前是过于看重了限制权力这一点。这(也许看起来)原本是用以抵制统治者习惯于在利益上与人民对立的一种办法。而现在所需要的是，统治者应当与人民一致起来，统治者的利益和意志应当就是全体国民的利益和意志。全体国民无需防御自己的意志。不必惧怕它会对自身施行暴政。让统治者对全体国民有效地负起责任，可以及时地被全体国民所撤换，而且全体国民能够信任他们，所委托给他们的权力之行使是它自己能够支配的。他们的权力就是全体国民自己的权力，只是以一种便于运用的形式集中了起来，这种思想模式，或许可以说是情感模式，在欧洲自由主义的上一代人中曾是普遍的，而在其大陆的一支当中至今还明显地占据主导地位。目前在欧洲大陆的政治思想家中，如果还有人主张对一个政府可以做的事情实施任何限制(除了他们认为根本不应存在的那种政府以外)，那就算是杰出的例外了。在我们自己的国家，如果曾在相当长时间里鼓励类似基调的形势一如继往的话，那么，这种基调也许直到今天还会占据优势。

但是，就像人的成功一样，政治和哲学的理论的成功会揭示出失败原本会掩盖的错误和弱点。当大众政府还只是一个梦寐以求的东西，或者还只是一个见诸书面而存在于久远以前的东西时，则人民无须限制自己施加于自身的权力的观念，也许看起来是一条自明的公理。像法国大革命那样的一些暂时反常的情形，并不必然会动摇这个观念，因为这些情形之最坏者也只是少数颠覆者之所为，无论如何也不属于大众体制的常态，而只能算作一种反对君主和贵族专制的突发性骚乱。然而，一个民主共和国终于应运而生，它占据地球上很大的一块地方，并表现为民族之林中最强大有力的成员之一[1]；而且，

---

① 这里指的是美利坚合众国。——译注

大量现存事实足以供人们考察，于是这种选举出的责任制政府就成为观察和批评的对象。这时人们感觉到，像“自治政府”和“人民施加于自身的权力”等等说法，并不反映事情的真实状况。运用权力的“人民”与作为权力施加对象的人民并不总是一回事；而所谓“自治政府”也不是每人管治自己的政府，而是每人都被其余所有人管治的政府。而且所谓人民的意志，实际上不过是人民中最多或最活跃的那一**部分**人的意志，也就是多数人或成功地让人承认自己是多数的那些人的意志；其结果是，人民**也许**要压迫自己人中的一部分，而人们需要防止此种权力之滥用，并不亚于对任何他种权力的提防。因此，当掌权者对社群，亦即社群中最强大的部分正常负责时，限制政府施加于个人的权力，也不失其任何的重要性。这一看法自然不难确立，因为它既迎合思想家们的智慧，也迎合欧洲社会中在事实或假想的利益关系上与民主相对立的重要阶级的倾向；在如今的政治思辨中，“多数人的暴政”[①]通常已被列入社会需要警惕的祸害之列。

像其他的暴政一样，这种多数人的暴政，人们起初以为、而且至今仍然庸俗地以为，其可怕性在于它主要通过公共权威的行为而发挥作用。但是，反思着的人们认识到，当社会本身是暴君（社会作为集体凌驾于构成它的各个人之上）时，它实施暴政的手段并不限于通过其政治机构而采取的行动。社会能够并且的确在执行它自己的命令；而假如它发出了错误的而不是正确的命令，或者发出了关于它不应干预的事情的命令，那么，它就是在实施一种社会的暴政，这比各种政治压迫还要可怕，因为它虽然通常不以极端的惩罚为支撑，却几乎不给人们逃避的途径，它更深地渗入生活的细节，并且奴役灵魂本

---

① 这一提法出自法国思想家托克维尔《论美国的民主》一书，密尔受托克维尔的影响较大。——译注

身。因此，只预防政府的暴政是不够的；还需要预防主导的观点和情感的暴政，预防社会这样的倾向，即以民事处罚以外的方式把它自己的观念和做法当作行为准则强加于持不同意见的人，以阻碍任何与它的方式不相协调的个性的发展（如果可能，甚至阻止这种个性的形成），从而迫使一切人格都按照社会的模型来塑造。集体意见对个人独立性的合法干涉也存在一个限度；发现这个限度并维护它免受侵蚀，这就像预防政治专制一样，对于维护人的事务的良好状态是必不可少的。

这个命题虽然在一般情况下不大可能有什么争议，但是，关于在何处设置限制这一实际问题（即如何在个人独立性与社会控制之间恰当调节），就是一个几乎在做成每件事之前就要考虑的问题。使生存对任何人产生价值的一切，都依赖于对他人行动有所约束。因此，必须设置某些行为准则，这首先由法律来设置，其次是对于许多不适宜由法律来操作的事情，则由舆论来设置准则。这些准则究竟应当是什么，这是人的事务中的首要问题；然而，如果我们把少数最明显的情况当作例外予以排除，则可看出这也是在取得解决方面进展最少的一个问题。没有两个时代，也很少有两个国家，在此问题上作出了相同的决定；一个时代或国家的决定，对于另一个时代或国家会是稀奇事。可是，任何一个特定时代或国家的人们却并不怀疑这个问题有什么困难，正如对于全人类一直都意见一致的某个话题一样。他们自己中间获得的准则于他们而言是自明的、自我证成的。这个普遍的错觉是习俗的魔咒般影响的一个例子，这习俗不仅如谚语所说是第二天性，而且一直被错当作第一天性。对人类相互强加的行为准则发生任何疑虑的打消，习俗的效力更加彻底，因为在这个话题上一般都不认为需要提出理由，不论是一人对另一人，还是每个人对自身。人们习惯于认为，并且受到某些追求哲学家性格的人所鼓励而认为，在这种性质的话题上，他们的感觉优于理性，并且使得理性成了不必要的。对于制约人的行为，引导他们达成一致意见的实际原则是各人心中的这样一种感觉，即应当要求每个人都按照他和跟他有同感的人们希望他们做的那种方式去行事。当然，无人会承认他的判断标准就是他自己的喜好；但是，不受理性支撑的有关某种行为的意见，也只能算作一个人的偏好；并且如果提出的理由也只是诉诸他人同样的偏好，那也仍然只是多人而非一人的喜好。然而，对于普通人来说，他自己的偏好得到他人同感支持，对于他所持的道德、旨趣或礼节上的观念（这些观念并没有明白地写在他的宗教信条之中），不仅是一个完满的理由，而且一般也是他所拥有的唯一理由，甚至是解释这种偏好时的主要指南。由此可见，人们在什么值得赞扬或责备这个问题上的各种意见，受到所有影响他们有关他人行为的意愿的各种原因控制，而这些原因也像决定人们在其他任何问题上的意愿的原因一样，其数量相当地多。有时是他们的理性，有时又是他们的偏见或迷信；经常是他们社交上的喜好，不时地也是他们反社会的喜好，他们的嫉妒或猜忌，他们的傲慢或轻蔑；而最常见的则是他们利己的欲望或恐惧，即他们合法的或不合法的自身利益。哪里有一个占优势的阶级，该国道德相当大的部分就必出自该阶级的利益和阶级优越感。例如斯巴达人与希洛人[①]之间、殖民者与黑奴之间、君主与臣民之间、贵族与平民之间乃至男人与女人之间的道德，便大多是这些阶级利益和优越感的产物；而这样产生出来的情感反过来又对该优势阶级的成员相互关系中的道德情感发生作用。另一方面，以前居于优势的阶级如果已经失去优势，或者其优势已不受欢迎，那么，此时主导的道德情感就往往带有一种厌恶优越的意味。此外，关于法律或舆论所支持的行为准则，无论是准许还是不准许行

① 希洛人（Helots），古斯巴达的国有奴隶。——译注

动，还有一个至关重要的、决定性的原则，即人类奴性地服从其暂时的主人或神被假设的好恶。这种奴性服从尽管在本质上是自私的，但并不虚伪；它孕育出一种完全真实的憎恶情感；它甚至使得人们烧死魔术师和异教徒。至于那么多较低的影响力量，其中有关社会的一般而明显的利益自然在引导道德情感方面扮演了一部分、而且是很大的一部分角色；但这与其说是出于理性，出于对其自身的考量，倒不如说更多地是出于从社会利益中产生出的爱憎情感；而这种对社会利益很少或者全无影响的爱憎情感，在树立道德准则方面表现出了很强的力量。

因此，社会的好恶，或者社会中某些强势部分的好恶，是实际上决定那些在法律惩罚或舆论支持之下要求人们普遍遵守的行为准则的主要东西。一般而言，那些在思想和情感方面超前于社会的人们，也从未从原则上抨击这种状况，当然，他们也许在其中的某些细节上与之发生冲突。他们宁可只是探究社会应当喜欢或厌恶什么事情，而不去质询社会的好恶是否应该成为适用于个人的法律。他们宁愿致力于改变人类对于他们自己持有异议的那些具体问题的情感，而不与异议者一起把捍卫自由普遍地当作共同的事业。只有一种情况，任何个人随时随地在原则上采取、并且一以贯之地维护较高的境界，这就是宗教信仰的情况：这在许多方面都有启发性，而就所谓的道德感不可靠而言，也是一个最显明的例证；对于持有相互对立或不可接受的神学观点的人之间的仇恨（the odium theologicum），在一个真诚的执迷者看来，这的确是道德情感最明确无误的事例之一。一般来说，首先冲破所谓“一统教会”束缚的那些人，原来也像这个教会一样不愿意容许宗教观点上的分歧。但是，当冲突的风头过去之后，任何一方没有取得完全的胜利，而每一教会或教派都降低到只希望维持其已经占领的阵地之时，少数派发觉自己已经没有机会成为多数派了，也就不得不向他们无法改变的那些人呼吁容忍分歧。于是在此战场上,也几乎唯有在此战场上,个人反对社会的权利才在宽泛的原则上得到肯定,社会对各种异议行使权威的主张也公开地遭受置疑。这个世界有宗教自由亏方那些伟大作家们,他们大多力主良心自由是一种不可废除的权利,并且彻底否认一个人必须为自己的宗教信仰向他人负责。可是,人类是如此自然地在他们真正关心的事情上不能宽容,以致宗教自由实际上几乎没有在什么地方实现过,除非把因厌恶神学争吵扰乱清静而对宗教漠不关心的情况也加在宗教自由的天平之上。即使在最宽容的国家,在几乎所有信教人士的心目中,承认宽容的责任是附带隐涵的保留条件的。有人在教会治理的问题上能够容忍异议,但对于教条的问题却不能;也有人能宽容一切人,唯独不能宽容天主教徒或一神论者;还有人只对信仰神启宗教的一切人士表示宽容;另有少数人把宽容再稍稍推进一步,但在有关上帝和来世的信仰面前则又止步不前了。总之,只要多数人的情感还真切、强烈,就看不出服从多数的主张会有所减缓。

由于我们政治历史上的一些特殊情况,英国与欧洲的大多数国家比起来,舆论的束缚也许比较重,但法律的束缚却比较轻;在这里,对于以立法权或行政权直接干涉私人行为的做法,存在相当的忌恨;这种忌恨与其说是出自对个人独立有任何正当的看法,倒不如说是出自人们仍然存在的这样一种看待政府的习惯:政府代表着与公众相对立的利益。多数人还没有学会感受到政府的权力就是他们自己的权力,政府的意见就是他们自己的意见。他们一旦这样看待了,个人自由也许就会遭受来自政府的侵犯,就像它现在已经遭受的来自舆论的侵犯一样。但是,目前仍然存在一种相当强烈的情绪,随时都会把它引发出来,以反对用法律在人们迄今未曾习惯由法律控制的一些事情上对个人实施控制;至于事情是否在法律控制的合法范围以内,倒几乎没有作出什么分辨;因此,这种情绪虽然在整体上是十分有益的,但在应用到特定的事例时则往往被误用,正如它往往也有很好的根据一样。其实并不存在公认的原则来常规地检验政府干涉之正当与否。人们都是依据自己的喜好来作决定的。一些人每当看到有好事要做,或者有祸害要补救,就倾向于怂恿政府去承当此项任务;另一些人则宁愿忍受几乎是任何数量的社会恶事,也不愿在人的各种利益中加上有责任服从政府控制这一项。在任何具体的事件上,人们把自己分别划归这一边或那一边,其站队的标准是依据他们情感喜好上的这种一般取向,依据他们感觉到的准备由政府去做的特定事情的有益程度,或者依据他们关于政府会不会按照他们所喜好的方式去做的判断;但是,关于哪些事情适合由政府去做,他们很少依据持之以恒坚持的任何定见。在我看来,由于如此缺少准则或原则,现在的结果是,选择这一边像选择那一边一样都往往出错;人们不适当地求助于政府干涉,与不适当地谴责政府干涉的次数几乎一样多。

本文旨在确立一条极简原则,当有权绝对地支配社会以强力和控制的方式处置个人的事情时,无论采取合法惩罚形式下的物质力量,还是公众舆论下的道德强压的手段,其准绳是自我保护,即人类可以个别地或集体地对任何成员的行动自由进行干涉,其唯一正当理由是旨在自我保护。对于文明群体中的任何一名成员,可以违反其意志而正当地行使权力的唯一目的,就是防止对他人的伤害。至于这个人自己的好处,无论是物质上的还是精神上的,都不是充足的正当理由。人们不能因为这样对他比较好,因为这会使他比较愉快,因为从他人的观点来看这样是明智的甚或是正当的,就强迫他做或不做此事。所有这些理由,如果是为了规劝他、向他讲理、说服他或向他恳求,那就都是好的;但不能借此对他实施强制,或者在他不这样做时就告知他会遭受什么祸害。为了证成强制的正当性,必须显示要求阻止他采取的那个行为将会对他人造成祸害。只有涉及他人的那部分行为,才是任何人应该对社会负责的行为。从正当性上说,在仅涉及他自己的那部分行为上，他的独立性是绝对的。对于他自己，对于他的身体和心智，个人是最高主权者。

也许无须赘言，这一学说仅适用于能力已经成熟的人们。我们不是在谈论孩童或是尚未达到法定成年男女年龄的青年。对于尚需要他人照管的人，必须留意他们的行为，就像防止外来的伤害一样。出于同样的理由，我们可以不考虑那些可认为其种族本身还处于未成年时期的社会中的落后状况。其自发进步过程中的早期困难十分严重，而没有什么可选择的手段来克服这些困难；因此，一个富有改良精神的统治者，就有正当理由采用任何方便的策略，用以实现一个以其他方式无法实现的目标。专制体制是一种对付野蛮人的合法统治形式，只要目的是改善他们，所采用的手段也由于实际上实现了这个目的而得到证成。作为一条原则，自由在人们还未达到能够借助它进行平等的讨论而获得改善的阶段之前，在任何状态中都是无法适用的。不到这样的阶段，人们假如有幸能找到像阿克巴或查理曼①这样的大帝的话，就只要无疑虑地服从。但是，人们一旦获得了这种可以借助说服或劝诫来引导他们自行改善的能力（我们这里需要关注的那些民族，都在很久以前即已达到这个时期），无论以直接的形式还是以给不服从者施加痛苦和惩罚的形式实施的强制，就不再能当作为了他们自己的利益而获得许可的手段，其正当性也只能在保障他人安全的前提下得到证成。

值得说明的是，凡是可以从脱离功利而独立存在的抽象权利观念推出我的论证的任何有利条件，我都未予利用。在所有道德问题

① 阿克巴（Akbar the Great，1542—1605），印度莫卧儿帝国皇帝（1556—1605），在位期间加强中央集权，实行多种改革，扩大帝国疆域。查理曼（Charlemagne，742？—814），即查理大帝，法兰克国王（768—814），扩展疆土，建成庞大帝国，加强集权统治、鼓励学术、兴建文化设施，使其宫廷成为繁荣学术的中心。——译注

上，我最终都诉诸功利；但是，这必须是最广义上的功利，以人作为进步的存在者的永久利益为依据的功利。我认为，这些利益只在每个人涉及他人利益的那些行动上，才准许个人的自发性服从于外来的控制。当然。如果某人做出了有害于他人的行为，那就有了这样一件一眼看去（primâ facie）证据确凿的案件，即可用法律来惩罚他，或者当无法妥善地适用法律惩罚时，也可使用普遍的谴责。还有许多可以正当地强迫他做的、对他人有益的积极行为，例如到法庭上去作证；在共同防卫中，或者在他也受其保护的整个社会的利益所必需的其他联合行动当中，公平地承担他自己的一份工作；还有某些对个别人有益的行动，例如拯救一个同胞的生命，或者挺身保护一个无力抵抗虐待的人；总之，显而易见地属于一个人有责任去做，若不做就有可能正当地要求他对社会负责的一切事情。一个人不仅会以其行为，而且也会以其不作为而给他人造成祸害，在这两种情况下，都可正当地要求他因此伤害而对他人负责任。当然，这后一种情况要求比前一种情况更谨慎地实施强制。任何一个人做了伤害他人之事，就要责成他为此负责，这就是规则；相比较而言，要他为没有制止祸害而承担责任，那就是例外了。然而，仍然有许多足够明显和足够重大的案例来表明这种例外之正当性。一个人在涉及与他人关系的一切事情上，对于与此利害攸关的人在法理上都负有责任，而且如果需要，对于社会作为其保护者也负有责任。经常还有些好理由不让他承担责任；但是，这些理由必须是出自特定的便利条件：要么是因为此乃属于这样一类情况，即从整体上看，若由社会依自己的权力以任何方式来控制他，还不如听任他自己决断更可能把事情办好；要么是因为如果试图实施控制，将会产生比所要防止的祸害还大的其他祸害。当诸如此类的理由免除了对责任的追究时，主事者自己的良心就应在空着的裁判席上，去保护他人缺乏外部保护的利益；更加严格地裁判他自己，因为这种情况并不容许他为同胞的判断负责任。

但是,还有这样一类行动领域,社会从不同于个人的角度来看,对此只有(如果还有的话)间接的利害关系:这类行动包括一个人生活和行为中只影响到他本人的那些事情,或者即便也影响到他人,也是他们自由、自愿、无欺骗地同意并参与的事情。我在此说只影响到其本人,是指直接的、最初的影响;因为,凡影响到其本人的,也许都会通过他本人而影响到其他人:这就势必要考虑以此条件为根据的反对意见。因此,这就是人的自由之恰当领域。这个领域包括,第一,意识的内在领地,它要求广义上的良心自由,思想和情感的自由,在所有话题上意见和情操的绝对自由,这些话题无论是实践的还是思辨的,是科学的、道德的还是神学的。表达和发表意见的自由也许归属于另一个原则,因为它属于个人涉及他人的那部分行为,但是,由于它几乎与思想自由本身同样重要,并且在很大程度上依据的是同样的一些理由,因而在实践上是与思想自由分不开的。第二,这个原则还要求趣味和志向的自由,按照我们的性格特质来制订自己的生活计划的自由,随自己的喜好去做事的自由,当然也要承担可能产生的结果,只要我们的所做所为并不对我们的同胞造成损害,即使他们认为我们的行为是愚蠢、不当或错误的,这样的自由也不应被他们所妨碍。第三,在同样限度之内,从这种每个人的自由可推导出个人间相互联合的自由;这就是人们出于任何无害于他人的目的而彼此联合的自由,只要参与联合的是成年人,并且未受到强迫或欺骗。

任何在总体上不尊重这些自由的社会,无论其政府形式如何,都不是自由的社会;在任何一个社会中,这些自由的存在如果不是绝对的和不受限制的,那它也不是完全自由的社会。唯一名副其实的自由,就是只要我们不试图剥夺他人的这种自由,不妨碍他们获得这种自由的努力,就可以按照我们自己的方式追求我们自身利益的自由。无论是身体的健康,还是智力和精神的健康,每个人是其自身健康的恰当保卫者。人们如果容忍各自按照自己认为是好的方式去生活,那要比强迫每人都按照其余的人们认为是好的方式去生活，所获更大。

这一学说虽然绝不是什么新颖之物，并且在某些人看来还带有公理的意味，但是，却没有一个别的学说，要比它更直接地与现有的观点和实践的总体倾向相对立的了。社会曾竭尽全力试图（按照其看法）强迫人们遵从它有关人和社会优越性的观念。古代的共和国认为自己有权运用、古代的哲学家也赞成运用公共权威来限制私人行为的每一部分，其根据是，国家深切地关注每一位公民的整个体力和智力的训练——这种想法在一些被强敌包围的小共和国也许是得到认可的，这些小国经常面临被外来侵略或内部骚乱颠覆的危险，即使在短暂间隙精力和自制力有所松懈，也容易造成致命的打击，因而也就经受不起对于自由之长久的有益效果的等待。在近代世界，政治社群的规模大得多，还有最重要的一点，即精神的权威与世俗的权威是分离的（这就把对人们良心的指导权放到了那些不控制世俗事务的人之手），这就阻止了法律对于私人生活细节如此大的干涉；可是，道德强制的机器却又被有力地调动起来反对在关涉个人自己事情上与统治者观点不同的看法，这甚至比反对在社会性事务上的不同观点还要强烈；以宗教这个促成道德情感形成的最强有力的因素为例，它几乎总是被一个等级集团（这个集团试图控制人的行为的每个方面）的野心或是被清教主义的精神所控制。近代某些最强烈地反对旧宗教的改革者，在肯定精神统治的权利方面，也并不落后于一些教会或教派：其中要特别提到孔德[①]，他在《实证政治体系》（*Systeme de Politique Positiue*）中所提出的社会体系，旨在建立一种社

---

① 奥古斯特·孔德（August Comte, 1798—1857），法国哲学家，实证主义哲学的创始人。他开创性地提出把社会现象当作科学研究的对象，指出应当根据这样的研究所得出的原理来重新组织社会。——译注

会对个人的专制（尽管更多地运用道德的手段而不是法律的手段），与古代哲学家中最严格的法纪主义者在政治理想中所思虑过的任何东西相比，有过之而无不及。

除了思想家个人的具体学说之外，这个世界还广泛地存在着一种日益增长的倾向，即用舆论力量，甚至借助立法力量将社会对于个人的权力不适当地加以扩展；而且，由于世界上发生着的一切变化都有加强社会的权力、减弱个人的权力的趋势，这种侵蚀就不是会自动消失的祸害，而是相反，它会不断增强，变得越来越可怕。人们无论作为统治者还是作为公民同胞，其倾向于把自己的观点和意向当作行为准则来强加于他人，这一点得到了人性难免发生的某些最好和最坏情绪的强烈支持，以致除非缺少权力，否则几乎无法对其予以约束；而权力却不减反增，除非能筑起一道道德信念的坚强屏障来抵制这种祸害，而在目前的世界情势之下，我们就不得不预期它的增长了。

为了论述的便利，我们不打算马上进入这个总论题，而首先限于这论题的一个分支，在这一分支上，这里所提出的原则，即使不是全部、也是在某一点上被当前流行的意见所认可的。这个分支就是思想自由，同类的言论和写作的自由也不可能与其分开。尽管在一切宣称宗教宽容和自由制度的国家里，这些自由已经在相当大的数量上构成了政治道德的一部分，但是，它们所依据的哲学和实践上的根基，也许还是一般人不太熟悉的，也是许多人不能完全理解的，甚至包括一些意见领袖，这也许是可以预期的。这些根基一俟得到正确的理解，就不只适用于这总论题的某个分支，而是有更广泛的应用，而对问题的这一分支的透彻思考将会显出其是对问题其余部分的最佳导言。当然，我这里将要讲的，对于某些人来说并不新颖；因此，如果对三个世纪以来时常讨论的这个题目我还敢再发一番议论，那我只好希望他们原谅了。

第二章　论思想和讨论的自由

人们希望，任何保护作为对抗腐败或暴虐政府的一种保障的“出版自由”仍然是必要的，这样一个时代已经成为过去。现在，我们可以假定，不再需要提出论证来反对如下行为，即允许一个不在利益上与人民息息相关的立法或行政机关来给人民指定意见，并且规定应当允许人民听到何种学说或论证。而且，问题的这一方面已由以前的作家们如此频繁、如此成功地予以强化，以致已经无需在此特别地坚持陈述了。有关出版的法律虽然直到今天的英国都仍然如在都铎(Tudors)王朝时一样富于卑屈的奴性，可是，除了因对叛乱的恐惧而让大臣和法官们一时惊慌失态以外，却也很少有什么实际执行起来用以针对政治讨论的危险；*而且一般说来，在宪政国家，不必担忧

---

* 正待写出这几句话时，恰逢出台了1858年的《政府检举出版条例》，好像是与我这番话的突出对照。可是，对公开讨论的自由进行的这一失当的干涉，并没有诱使我改动本章中的一个字，也丝毫没有削弱我的下述信念：在我国，除了恐慌时期以外，用刑罚来对付政治讨论的时代已经过去。因为，第一，检举条例并未得到坚持；第二，确切地说，这些检举从来都不是政治性的检举。条例中所指的罪行不是对制度的批评，也不是对统治者的行为或人格的批评，而是传播一种被指责为不道德的学说，即肯定诛弑暴君之合法性的学说。本章的论证如果还有任何有效性，那么，作为一个伦理信

政府（无论是否完全对人民负责）会经常竭力控制意见的表达，除非它这样做是为了使自己成为普遍不容公众异议的机构。所以，让我们假定，政府是与人民完全一致的，并且从不想行使什么强制权力，除非在政府看来是符合人民的心声时才这样做。但是，我也否认人民行使这种强制力的权利，无论是由他们自己、还是由他们的政府来行使这种强制力。这个权力本身就是不合法的。最好的政府并不比最坏的政府更有权去行使它。按照公众意见来行使它，与违反公众意愿而行使它相比，是同样有害，甚至是更加有害的。假定人类全体除了一人以外都持有一种观点，只有这一人持相反意见，则人类使这个人沉默，并不会比这个人使人类沉默（假如他有此力量的话）有更正当理由。如果某个意见只是个人持有，对其持有者以外的其他人并无价值，而且如果妨碍对它的享用只是一种对私人的损害，那么，这种损害涉及到少数人还是多数人，还是有所区别的。但是，迫使意见不能表达的具体的恶乃在于，它是对整个人类的掠夺，无论对后代还是对现有的一代都是一样，对不同意该意见的人甚至比对持有该意见的人还要严重。如果该意见是对的，那么他们就被剥夺了以错

念的问题，就存在最充分的自由去表白和讨论任何一个学说，无论它被认为多么不道德。因此，关于这个诛弑暴君的学说是否称得上不道德，这就与本章的论题没有关系，也不必在此考察。但我仍然愿意说，这一问题历来都是一个公开的道德问题；公民私自杀死这样一个罪犯，杀死一个把自己置于法律之上，从而使自己超出法律惩罚或控制范围的罪犯，这在一切民族、在一些最好和最聪明的人士看来，都不是什么罪行，而是一种具有高尚品德的行为；无论对错，这种行为都不属于暗杀性质，而属于内战性质。正因如此，我认为，煽动这种行为，在特定案件中也许成为惩罚的恰当对象，但是，只有在随后发生了公开的行动，并且至少能够确定该行动与这种煽动之间存在某种可能的联系时，惩罚才能成立。即便如此，也只有那个被攻击的政府自身，而不是一个外国政府，在行使自卫当中，才能合法地惩罚以颠覆它的存在为目标的攻击行动。

误换取真理的机会;如果该意见是错的,那么,他们就失去了差不多同样大的收益,即从真理与错误的碰撞中产生的对真理更加清晰的认识和更加生动的印象。

有必要分别考察上述两条假设,其中每一条都有与其相对应的一支独特的论证。这里提出两点:我们永远不能确信我们所竭力抑制的那个意见就是一个谬误;即使我们确信,要抑制它也仍然会是一种恶。

第一点:试图用权威来压制的那个意见有可能是真的。想压制它的人们当然否认它的真理性;然而这些人并不是不会出错的。他们没有权力代表全体人类对此问题作决定,并把所有其他人都排除在判断的管道之外。如果因为他们确信一个意见为谬误而拒绝倾听该意见,那就是断定他们的确定性与绝对的确定性完全是一回事。凡强制熄灭讨论,都是断定永不会出错。对其的谴责可以根据这个普通的论据,并不因其为普通的而变得更糟。

对于人类的良好感觉而言不幸的是,他们的可错性这一事实,在他们的实际判断中远没有得到它在理论上承认的那种分量;因为每个人都深知自己有可能出错,但很少有人想到有必要对自己的可错性采取一些预防措施,或者容许这样的假定,即他们觉得十分确定的任何意见有可能正是他们认识到自己易犯错误的事例之一。一些专制君主或其他惯于接受无条件服从的人们,通常对于自己在几乎一切题目上的看法都感觉到了这种完全的信心。一些处境比较幸福的人,有时还能听到别人批驳自己的观点,当自己观点错了时也并不完全不习惯于被人纠正,他们只对自己和周围所有人,或自己惯于顺从的人所共同持有的一些观点,寄予同样的无限信赖;因为,与一个人对自己的孤立判断缺乏信心形成对应,他通常也不免要以绝对的信任去依赖一般“世界”的不可错性。而这个世界对每个人而言,就意味着是他所接触的那一部分世界:他的政党、他的派别、他的教会、他的社会阶级；与此相比，如果有人以为这个世界广泛到意指他自己的国家或是他自己的时代，那么，就可称此人几乎就是自由主义者和心胸开阔之人。他对于这种集体权威的信念，也全然不会因其知道其他时代、国家、政党、派别、教会和阶级曾经持有、甚至现在仍然抱持相反的观念而发生动摇。他把有权利反对别样的人们之异己世界的责任转移到了他自己的世界；其实，只是偶然的机遇决定他在这许多世界之中选取其一作为他信赖的对象，使他在伦敦成为一名牧师的同样的原因，也会使他在北京成为一名佛教徒或儒教徒，而他对这一切却从不烦神思虑。可是，有一点不论论据多寡都能表明的那样，是自明的：时代并不比个人更不可能出错，每个时代都曾持有许多被后面的时代认为不仅错误而且荒谬的看法；可以确定的是，现在流行的许多看法将被未来的时代所抛弃，就像现时代抛弃许多过去曾经流行的看法一样。

有可能对这种论证提出的反驳意见，也许会采取下述形式。在禁止错误传播的问题上，与公共权威根据其自身的判断和责任所做的任何其他事情相比，并不存在更多的不可错性假设。正是为了人们可以运用，才把判断传达给别人。岂因为判断有可能被错误地运用，就要告诉人们完全不应该运用它吗？禁止他们认为是有害的事情，并不等于主张完全不出错，而是尽管有可能出错，仍然根据其良心上的信念而行动，以此来履行其固有的责任。如果因为我们的观点有可能出错就永不按照它去行动，那么，我们就会完全不顾自己的一切利益，放弃自己的一切责任。适用于一切行为的反驳意见，有可能是对于任何具体行为都无效的反驳意见。形成自己所能形成的最真确的意见，这是政府的责任，也是个人的责任；小心谨慎地形成这些意见，并且永远不把它们强加于人，除非自己十分确信它们是正确的。但是，他们一旦确信（这样的推理者可以这样说），却不敢按照自己的观点行动，并且听任一些自己真诚地认为是对人类这种或那种生活的福祉确有危险的学说毫无限制地向外传播,那就不是服从良知,而是懦夫的表现。因为在过去不太开明的时代里,其他人曾经压制过现在被认为是真理的观点。也许有人会说,让我们小心谨慎,不要犯同样的错误;但是政府和国家在其他事情上也犯过错误,而人们并未否认这些事情是适合运用权威的对象:它们征收过苛捐杂税,进行过不正义的战争。我们难道就应该因此而不收税,在任何挑衅之下也不进行战争吗?人和政府都必须尽其所能地采取行动。世界上并无绝对的确定性,却有对于人的生活各种目的提供的充分保障。我们可以也必须假设自己的观点是真实正确的,以便指导我们自己的行动;当我们禁止坏人借传播我们认为是谬误和有害的观点而把社会引入歧途时,那就没有假设更多的东西。

对于这个反驳意见,我的回答是,它假设得过多了。一个观点因为在各种竞争的机会中未被驳倒,因而被断定为真,这是一回事;为了不允许反驳它而断定其为真,则是另一回事:这两者之间有着天壤之别。反对和批驳我们自己观点的完全自由,是证成我们为了行动的目的而假定一个观点的真理性的先决条件;而且也别无其他条件能使一个具有人的能力的存在者享有任何正确性的理性保证。

当我们考察意见的历史或人们生活的普通行为时,如果这个人或那个人并不比他们现在的情况差,那应归因于什么呢?当然不应归于人的理解中的固有力量,因为,对于任何一件非自明的事情,也许有九十九个人完全无能力而仅一人有能力做出判断;而这第一百人的能力也只是相对的,因为在过去每一代中的杰出人物,其大多数都曾持有不少现在已知是错误的观点,也曾做过或赞成过许多现在无人会认为是正当的事情。可是在人类当中,为什么在整体上是理性的观点和理性的行为占据优势呢?如果确有这种优势(必定有的,否则人间事务就会并且一直处于近乎绝望的状态),那么,其原因就在于人类心智的一种品质,它是有智慧或有道德的存在者当中每件高尚事情的根源，也就是说，人的错误是可以纠正的。他凭借讨论和经验能够纠正自己的错误。不是单凭经验。还必须进行讨论，以表明如何来解释经验。错误的观点和做法渐渐屈服于事实和论证；但是，事实和论证若要对心智产生任何影响，就必须把它们提到前台来。如果没有评论来指明事实的含意，事实本身很少能讲出其自身的道理。如此看来，人的判断的全部力量和价值依靠的就是一种特质，即它在出错时能够得到纠正，且也只有在纠正的手段总是为人所掌握之时，才能信赖这种特质。举例来说，某人的判断是真正值得信任的，那么它是怎么形成的呢？他始终真诚地接纳对他的观点和行为的批评。因为他的一贯做法就是倾听一切能够说出来的反对他的话；尽可能多地从公正的东西中受益，同时向自己、也不时地向他人解释荒谬的东西之荒谬。因为他认识到，一个人得以更多接近了解一个题目的整体，唯一途径就是倾听持各种不同意见的人能够就此说些什么，并研究每种不同的心智特性能够观察它的所有方式。任何一个聪明人要获得智慧，除此之外别无其他模式；就人类智慧的性质而言，要变得聪明，也别无其他方式。通过与他人的观点相比较来改正和完善自己的观点，只要不至于在将其付诸实践时造成疑惑和犹豫，这种稳定的习惯是正当地信赖这个观点的唯一稳固的基础；因为，一个人既然已经了解所有能够（至少是明显地）说出来的反对他的话，并且采取了面对一切反驳者的立场（深知自己是寻求而不是躲避反驳和疑难，深知自己没有遮挡可以从任何方向投射到该题目上的任何光线），这时他就有权相信，自己的判断要比任何未经过类似过程的人或群体的判断来得好。

纵使人类当中最聪明者，即最有资格信任自己判断的人，觉得有必要信赖其判断得以成立的依据，也还应当将其提请少数智者和许多蠢人组成的混合集体，即所谓公众，进行审核，这一要求并不过分。甚至教会中最不宽容者罗马天主教会，在授封圣徒的时候，还允许并耐心倾听"魔鬼的鼓吹"。对人中最神圣者,直到弄清并权衡了魔鬼为反对他所能说出的所有话之后,看起来才能许以身后的荣誉。即使是牛顿的哲学,如果不允许对其提出质疑,则人类对其真理性也不会像现在这样感到有完全的把握。我们对一些最有把握的信条,除了向全世界发一份证明其是否有根据的长期邀请以外,并没有什么可以依靠的保障。假如不接受这种挑战,或者虽然接受但所作出的努力却失败了,那我们仍然和确定性相去甚远,只是我们已经作了人类理智现状所允许的最大努力:我们没有忽略能使真理有机会达至我们的那些东西;假如保持选项清单的开放性,那我们也许会希望,如果还有更好的真理,则当人类心智能够接受时,就可以找到它;同时,我们可以指望,自己已经获得我们今天能够获得的这样一条接近真理的路径。这就是一个可能出错的存在者能够达到的确定性程度,这也是实现这种确定性的唯一方式。

奇怪的是,人们既然承认有关自由讨论的论据之有效性,却又反对把这些论据"推到极端";他们没有看到,各种理由如果不在极端的例子上有效,也就不会在任何事情上有效。奇怪的是,他们既已承认,在一切可能**有疑问**的题目上都应进行自由讨论,却又认为应该禁止质疑某个特定的原则或学说,因为它是如此地**确定无疑**,也就是因为**他们确信**它是确定无疑的,他们这样做时竟然还想象自己并没有断言不可错性。对于任何一个命题,假使还有一人一俟得到许可就会否认它是确定的,却不允许他这样说,在此时如果称此命题是确定无疑的,那就等于把我们自己和同意我们的人们设想为确定性的裁判者,并且是不听另一方观点的裁判者。

在今天这个被描述成“信仰匮乏而怀疑论令人恐怖”①的时代(在这里,人们感到有把握的与其说是自己的观点是真的,倒不如说是他们不该知道对这些观点做些什么),保护一个观点免受公众攻击,这样的主张所依据的与其说是该观点的真理性,倒不如说是它对社会的重要性。人们宣称,某些信条对于社会福祉是如此有用(且不说是必不可少的),以至于政府有责任支持它们,就像有责任保护社会的任何其他利益一样。人们坚持说,在具有这种必要性和如此直接列于政府责任之内的事情面前,某种算不上不可错的东西,也足以确保甚至迫使政府在人类一般观点的支持之下,依照其自己的看法去行动。人们时常辩称,当然还更频繁地认为,只有坏人才会要求削弱这些有益的信条;他们觉得,约束坏人、禁止只有坏人才想做的事情,总不会有错。这种想法把限制讨论的正当性不是当作学说的真理性问题,而是学说有用性的问题,并借此沾沾自喜,以逃避自诩为各种观点不可能出错的判官之责任。但是,这些沾沾自喜的人却没有看到,不可错性的假定只是从一点转移到了另一点。一个观点的有用性本身也是一个观点问题:就像这个观点本身一样是可以争辩、可供开放讨论,并且需要同样分量的讨论。判定一个观点为有害,像判定它为谬误一样需要一个不可能出错的裁判者,除非这个被宣判的意见有充分的机会为自己辩护。而且,即使可以允许一个异议者维护其观点的功利性和无害性,却不允许维护其真理性,也是不行的。一个观点的真理性是其功利性的一部分。如果我们想知道是否应该相信某一命题,那么,我们有可能排除掉对其是否正确的考量吗?在不是坏人而是最好的人们看来,任何违反真理性的信条都不

① 此语出自 Thomas Carlyle,“Memoirs of the Life of Scott”,重印于他的 *Critical and Miscellaneous Essays*, 7 Vols; London, 1869, Vol. VI, p. 46。——译注

可能是真正有用的;当这种人因为否认人们告诉他是有用的而他自己认为是谬误的某个学说而被指责为犯罪者时,你能阻止他竭力申辩吗?其实,站在公认观点一边的人,从未放弃过尽一切可能地利用这种申辩;你不会看到**他们**处理能力问题就真的像是能够把它完全从真理性问题中抽离出来,完全相反,最重要的是,正因为他们的学说是“真理本身”,对它的知识或信念才被认为是必不可少的。如果如此重要的一个论据只可用于一方而不可用于另一方,那么,就不可能公平地讨论有用性的问题。而且从事实来看,当法律或公众情绪不允许对一个观点的真理性进行争辩时,它们对于否认该观点有用性的做法也同样很少宽容。它们至多只会容许减轻一点该观点的绝对必要性或减轻拒绝它的实际罪过。

仅仅因为我们已在自己的判断中谴责了某些观点就拒绝倾听之,为了更充分地表明上述做法之危害,把目前的讨论限于一个具体的事情就是可取的;我倾向选定的是对我最没有利益的一些事情,在这些事情上,无论在真理性还是功利性的得分上,对观点自由的论证都被认为是最强有力的。假设所反驳的观点是对上帝和来世的信仰,或者任何一个被普遍接受的道德学说。在这样一个战场上作战,乃是给予一个不公平的论敌以很大的优势,因为他们肯定会说(许多不想变得不公平的人则是在心里说):你难道不认为**这些学说**是足够确定地需要置于法律的保护之下吗?对上帝的信仰是不是你有把握认为假设了不可错性的那类观点之一种?然而必须允许我说,确信一个学说(无论是什么学说)的感觉并不是我所称的不可错性的断言。我所称的这种断言是指**代替他人**去判定该问题,而不允许他人听取对立的方面能够说出的内容。即使把这种断言放在我最庄严的信念这一边,我仍然要谴责它、排斥它。任何一个人的劝说无论怎样积极有效,关于一个观点不仅说到了它的荒谬,也说到了它的有害后果——不光是它的有害后果,还有它的(用我完全谴责的表达方式)

不道德和不敬神——可是,如果他在追求这个个人的判断时,尽管也得到了其国人或同时代人的公共判断之支持,只要他阻碍人们听到对该观点的辩护,那他就是断言了不可错性。而且,这种断言远不会因其所针对的观点被指为不道德或不敬神就不那么遭人反对或者较少具有危险性,这是所有其他情况中最致命之一种。正是在这些情况中,一代人曾犯下那些引起后代震惊和恐惧的可怕错误。正是在这样的情况中,我们看到了一些难忘的历史事例,当时法律这个臂膀竟被用来根除最好的人、最崇高的学说;这在人的这一面取得了可叹的成功,尽管有些学说保存了下来,以便(似乎是一种讽刺)为那些对这些学说或对它们公认的解释持异议之人的类似行为进行辩护。

有件事情,无论怎么提醒人类也不算太过频繁,从前有个人名叫苏格拉底,他跟他那个时代的法律权威和公共舆论之间发生过永难忘怀的冲突。生于一个饱含个人崇高性的时代和国家,苏格拉底是被最了解他和他的时代的人们当作该时代最有道德的人传给我们的;而**我们**又知道他是此后所有道德教师的领袖和原型,并且同是下列两种精神的来源,一是柏拉图崇高的灵性,一是亚里士多德这位"见多识广的大师"(i maëstri di color che sanno)明智的功利主义,这是道德哲学和所有其他哲学的两个泉眼。这位有史以来一切杰出思想家公认的祖师爷(其声誉在两千多年后还在继续高升,压倒了其他所有为其母邦生辉的名字),竟然经过一个法庭的定罪,以不敬神和不道德之罪名被其国人处死。关于不敬神,说的是他否认城邦所信奉的神祇;的确,控告他的人就指责他根本不信仰任何神(参见《申辩篇》①)。关于不道德,乃是就他的学说和教导而言的,说他是一个

① 柏拉图的《申辩篇》描述了对苏格拉底有关不敬神和腐蚀青年罪行的审判。——译注

“腐蚀青年的人”。有一切依据可以相信,法庭面对这些控告确实真诚地认为他有罪,就把这样一位也许值得称为人类迄止当时最好的人当作罪犯处死了。

由此再转到另一个司法不公正的事例,即使在苏格拉底处死事件之后来提此事,也不会显得是高潮转入低谷,即一千八百多年前发生于加尔瓦雷(Calvary)身上的事件。凡曾目睹他的生活、与他谈过话的人,都在记忆中对他道德之崇高留下了如此的印象,以致他身后十八个世纪以来,人们都把他奉为万能上帝的化身。但他竟被处死了,声誉扫地。被当成什么人呢? 当成了亵渎神灵的人。人们不仅误解了这个施惠于自己的人,而且认为他与他的为人正好相反,是不敬神的怪物,而在今天,正是他们自己因为这样对待他而被当作这种怪物。今天人类对这两桩可悲事件特别是对其中后者的感觉,使得他们极端不公正地对当时不幸的主角作出判断。从一切现象来看,这些主角实在不是坏人(并不比普通人通常做法更坏些),而且恰好相反;他们在充分性或者有点超出充分性的程度上怀有他们那个时代和人民所持有的宗教、道德和爱国的情感:他们也是这种类型的人,即在包括我们的时代在内的任何时代里都可以有一切机会免受谴责、得到尊重地度过一生。当那位大牧师扯开自己的长袍,投诉那足以构成被当时国家的所有观念视为最严重的罪行之时,他的惊恐和愤怒完全可能是真诚的,就像今天一般虔诚之人在其表现出的宗教和道德情感方面是真诚的一样;同样,今天对他的行为感到战栗的人们,如果生活在他的时代并且生为犹太人,也会完全像他曾做的那样采取行动。一些正统基督教徒倾向于认为,凡用石头砸死第一批殉教者的人必定是比自己坏的人,但他们应当记住,这些迫害者当中就有一个人叫圣保罗。

让我们再举一例,如果以出错者本人的智慧和道德来衡量这个错误之触目惊心程度,那可以说是最惊人的了。如果还有过一个拥有权力的人，他有根据自认为是他同时代人中最好和最开明的人，那此人就非马可·奥勒留皇帝[1]莫属了。作为整个文明世界的专制君王，他一生不仅维护最纯洁无瑕的公正，而且维护其斯多葛(Stoic)学派教养中较少期待的最为温柔之心。可以归于他的少数缺点都只限于放纵这一方面，说到他的著作，作为古代人心目中最高道德产品，则只与基督最具特色的教义存在很难觉察的差别(如果还有差别的话)。就是这样一个人，一个在除教条主义以外的一切意义上比迄今为止几乎任何一个表面上的基督徒主权者都要好的基督徒，却曾迫害过基督教。他站在人类此前一切成就的顶峰，心怀开放的、无拘束的智慧，以及引导他自己在其道德著作中体现基督理想的禀性，却未能看到基督教对于这个世界，这个他自己已经深深地以其责任投入进去的世界，是个善事而不是祸害。他深知当时的社会已处于一种可悲的状态。但是，他看到，或者他自以为看到，虽有这种情况，这个世界是凭借对公认的神道的信仰和尊崇而得以维系在一起，并免于使状况变得更糟。作为人间的一个统治者，他觉得自己的责任就是让社会免遭四分五裂之患；但他看不到，社会现有的纽带一旦解除，如何又能形成任何其他的纽带来把社会重新编织起来。新的宗教就公然以拆散这些纽带为宗旨；因此，除非他的责任是采纳该宗教，否则，其责任看起来就是将它扑灭了事。这样一来，由于基督教神学在他看来不是真理或源于神意，由于那个奇怪的历史，即关于钉死在十字架的上帝是他难以置信的，而且他不能预见到，这样一个声称全部建立在他完全不能相信的基础之上的体系，可以成为那个推动革新

① 马可·奥勒留(Antonius Marcus Aurelius，公元121—180)，罗马皇帝，其统治时期正是罗马的辉煌开始衰落的时期。不像他的前任，他并不完全相信罗马正在给其统治的民众带来和平和正义。他从自己所学的斯多葛哲学中寻求世俗权力的巩固和理解。——译注

的机构,而在事实上,在经受了一切削弱之后,它证明了自己就是这样的机构;于是,这位最温和、最可亲的哲学家和统治者,受一种主严的责任感所驱使,批准了对基督教的迫害。在我的心中,此事是全部历史中最富悲剧性的事实之一。如果基督徒的信仰是在奥勒留而不是在君士坦丁大帝[①]的庇护之下被接纳为帝国的宗教,那么,世界上的基督教早不知怎样大相径庭了,一想到此就让人感到痛苦。但是,在奥勒留看来,为惩罚反基督的教义能够提出的辩解,没有一条不适用于惩罚传播基督教,他实际上也是这样做的,如果否认这一点,那对他同样有失公允,也不符合事实。任何一个基督徒之相信无神论是谬误并会造成社会瓦解,并不比奥勒留之相信基督教便是如此,来得更为坚定;而他在当时所有人当中也许还可算作最能理解基督教的。任何一个赞成对传播观点进行惩罚的人,除非他自吹自擂比奥勒留还要聪明、还要好(比他更深地通晓所处时代的智慧,在其时代智慧之上的智识更高,更热烈地寻求真理,在找到真理以后又更能一心一意地笃守真理),否则他就应该警惕这种对于自己和群众双重不可错性的假设,而伟大的奥勒留以此假设所获得的是如此不幸的结果。

宗教自由的敌人们也意识到,任何论证如果不能证成奥勒留的正当性,也就不可能证成使用惩罚手段来束缚不信教的观点这一做法,他们在被逼紧的时候偶尔也会接受这样的结果,并且仿效约翰逊博士说:迫害基督教的人是对的,迫害是个痛苦的磨难,通过它,真理应当得以通行,而且总会成功地通行,因为法律的惩罚最终在真理面前软弱无力,尽管有时在反对有害的错误方面产生有益的效果。这

---

① 君士坦丁大帝(Constantine I,公元280—337),皈依基督教的罗马皇帝。——译注

是论证宗教上的不宽容的一种形式，它应当引起足够的注意，不应随便忽略过去。

如果一个理论认为，因为迫害不可能对真理造成任何伤害就可以正当地迫害真理，那么，就不能把这种理论指责为对于接受新真理故意怀有敌意；但是，对于那些人类原本应感恩之人的处理，我们实在不能恭维为慷慨宽厚。向世界揭示一些与它深切相关，但它以前所无视的一些事情，向世界证明它在某些关系世俗利益或精神利益的重大之点上曾有失误，这是一个人能够给予其同胞的重要的服务，在某些情况中，正像早期基督徒和以后的宗教改革者的贡献一样重大，那些与约翰逊博士想法相同的人也相信，这是能够馈赠给人类的最宝贵的礼物。按照这种理论，贡献如此巨大好处的人，其应得的报答是以身殉道，对于他们的报偿应是将其当作最邪恶的罪人来对待，而这还不是人类应该披麻捧灰来哀悼的可叹错误和不幸，而是事情正常的、可正当辩护的状态。按照这一学说，凡提倡一条新真理的人都应当并且已经像站在洛克里斯人[①]立法会议当中那样，一个新法律的提议者，脖颈上需要套上一条绞索，如果公众大会在听取他陈述的理由之后，并不原地立即予以采纳，那就立刻收紧绳索，把他勒死。凡是为这种对待施惠者的方法辩护的人，我们不能设想其对所施的惠益有很高的评价；而且我相信，对此事持这种看法的，大多限于这样一类人，他们认为新真理或许一度是人所渴求的，但是现在我们已拥有足够多的真理了。

然而，关于真理总会战胜迫害的格言，其实是那些赏心悦目的谬误之一种，人们一次次地重复这一格言，直到它成了陈词滥调，但是

---

① 洛克里斯(Locrians)是南意大利的一座城市，公元前7世纪由希腊殖民者所建。洛克里斯人采纳了被认为是最早的希腊成文法典，该法典以极端严酷著称。——译注

一切经验都批驳了它。历史上充斥着压制迫害将真理扑灭的例子。即便不是永远扑灭,也会使真理倒退几个世纪。只说一些关于宗教的观点:宗教改革在马丁·路德以前就发生过至少二十次,但都被镇压了下去。布雷西亚的阿诺德被镇压了下去。多尔西诺被镇压了下去。萨沃那罗拉被镇压了下去。阿尔比派信徒被镇压了下去。佛杜瓦信徒被镇压了下去。乐拉信徒被镇压了下去。胡斯信徒(Hussites)被镇压了下去①。即使在路德时代之后,什么地方只要坚持迫害,就总能得逞。在西班牙、意大利、佛兰德斯②、奥地利帝国,新教被根除了;在英国,如果玛丽女王(Queen Mary)还活着,或者伊丽莎白女王(Queen Elizabeth)已死,那也很可能是如此。迫害总是能够得逞,例外的地方是异端者已经组成足够强大的派别,以致无法有效地对其进行迫害。任何一个理性思考的人都不会怀疑,基督教有可能在罗马帝国遭到灭绝。它之所以得到传播并取得优势地位,是因为各次迫害都只是偶尔发生,只持续了短短的时期,这中间还有几乎不受阻挠的长期传播。如果以为,真理只因其为真理,就具有什么抵制错误的内在力量,面对地牢和火刑柱而挺立不倒,那就只是一种空洞的句文。人们热衷于真理,并不强过他们经常热衷于错误,运用足够

---

① 布雷西亚的阿诺德(Arnold of Brescia,1155 年逝世)、多尔西诺(Fra Dolcino,1307 年逝世)和萨沃那罗拉(Savonarola,1498 年逝世)寻求教义的纯洁和教会的政治改革,他们为此而被拷打、吊死或烧死。南部法国的阿尔比派信徒(Albigeois)追求一种异端学说,其内容人们所知甚少,因为他们于 13 世纪遭到宗教裁判所的集团屠杀。佛杜瓦信徒(Vaudois)、乐拉信徒(Lollards)和胡斯信徒(Hussites),这些教派从事旨在改革中世纪教会的抗议和重建运动。这些不成熟的新教派别受到残酷的迫害,许多人被当作异端烧死。——译注

② 佛兰德斯(Flanders),中世纪欧洲一伯爵领地,包括现比利时的东佛兰德省和西佛兰德省以及法国北部部分地区。——译注

数量的法律惩罚甚或社会惩罚，一般就可成功地制止其传播。真理所拥有的真正优越之处在于：一个观点只要是真的，它可以一次、两次甚至多次被压灭下去，但在岁月流逝的过程中，一般总会看到重新发现它的人们，直到它的某一次重现正值有利的情势，逃过迫害，直到它崭露头角，抵抗住随后压制它的一切尝试。

有人会说，我们现在已经不处死提倡新观点的人了：我们已不像前人那样杀害先知；我们甚至还为他们建造了坟墓。的确，我们不再处死异端者；现代舆论能够容忍的对于甚至最有害的观点的惩罚，其程度也不足以灭绝这些观点。但是，让我们还是不要自我吹嘘，以为我们现在甚至已经免除了法律压制的污点。对于观点的惩罚，至少是对于观点表达的惩罚，仍然依法而存在着；这些惩罚的实施，即使在近期，也并非毫无例证可以让人们完全不相信它有一天会大规模地复活。就在1857年，在康沃尔(Cornwall)郡的夏季巡回裁判庭，就有一个据说在生活的一切关系上都还是平淡无奇之人成为不幸之人，只因为说了并在门上写了几句触犯基督教的话，就被判处了二十一个月的徒刑*。在同一时期的一个月内，在旧百雷(Old Bailey)，又有两个场所分别拒绝两个人**担任陪审员，其中一人还受到法官和律师团一名成员的严重侮辱，因为此二人真诚地宣布自己没有什么神学信仰；还有第三人，即一名外国人***，也因为同样理由而被拒绝进入法庭指控一个窃贼。这种对于求偿的拒绝，所依据的是法律上

---

* 此人为托马斯·普雷(Thomas Pooley)，1857年7月31日受到波德敏巡回裁判庭(Bodmin Assizes)的此项判处。同年12月，皇室特赦了他。

** 一人为荷里约克(George Jacob Hoyoake)，事情发生于1857年8月17日；另一人为特鲁勒夫(Edward Truelove)，事情发生于1857年7月。

*** 格莱钦的男爵(Baron de Gleichen)，事情发生于1857年8月4日，马尔波鲁街警察庭(Marlborough Street Police Court)。

的一个学说,即任何一个不承认信神(任何一个神就足够了)和来世的人一概不得允许到庭上作证。这等于宣布此类人属于法外之人,不受法庭的保护;他们不仅有可能被抢劫或攻击而犯罪者却免受处罚,只要唯独他们自己或抱有类似观点的人在场,而且,任何其他人也有可能被抢劫或攻击,只要事实的证明有赖于他们来提供证据犯罪者就可免受处罚。这个学说所依据的假设是,不信来世的人,其誓言毫无价值,这个命题预示着肯定它的人对于历史太多的无知(因为历史的真实情况是,各个时代都有相当比例的不信神者是出色的正直而荣耀之士),而且,只要稍稍留意一下,历史上有多少因美德和成就而在世界上极富盛名的人都是众所周知的、至少是其熟人们所深知的不信神者,就再也不会有人主张这个命题了。此外,这条规则也是自杀性的,自毁其自身的根基。凡无神论者必定是说谎者,它在此借口之下容许所有愿意说谎的无神论者的证词,而所拒绝的却只是那些足够胆大公开承认一条遭人厌恶的信条而不愿撒一点谎的人。这样一条就其公开承认的目的而言自判为荒谬的规则,只能视为仇恨的证章,迫害的遗迹,本身也是一种迫害行为,而且还具有这样的特点:受迫害的条件正被清楚地证明为不应受迫害。这条规则及其所包含的理论对于信神者也是一种侮辱,就像对于不信神者是种侮辱一样。因为,如果不信来世的人必定会说谎,那么,由此可以推导出,那些相信来世的人只是因为害怕入地狱才避免说谎(假如他们真的避免了的话)。对于这条规则的创立者和怂恿者,我们且不说他们所形成的基督教道德观念是出自他们自己的良知这样的话来伤害他们。

的确,这些只是迫害的遗迹和残余,可以认为这并不表示实行迫害的愿望,这是英国人心理过于频繁出现的虚弱心态之一例,这使得他们在自己不再坏到要实施一条坏原则时,却荒唐地以主张该原则为乐趣。然而不幸的是,公众心态的状况无法保证已经停顿了约一代人之久的更坏形式的法律迫害是否将继续停顿下去。在现时代，复活旧罪恶的努力经常搅乱日常事务平静的外表，正如提倡新鲜益事的努力也常去搅动一样。当前所夸耀的宗教复兴，在狭隘而无教养的头脑中至少也是偏执的复活；凡民众情绪中还存在不宽容思想强烈而持久的酵母之处（任何时候都盘踞于我国中间阶级之中），无需费什么力气就总能挑动他们去卖力地迫害一些人，他们从未把这些人不当作迫害的恰当对象。* 因为正是这一点，正是人们对于不信仰他们所重视的信条的人所抱持的看法和情绪，使得我们这个国家不能成为一个精神自由之所。在过去很长一段时间里，法律惩罚的主要害处就在于它强化了社会的毁誉。而社会的毁誉才是真正有效力的东西，其效力使得英国在社会禁令之下敢于发表观点的事情，竟然比处在声称法律惩罚的危险之下的其他许多国家还要罕见得多。在这个问题上，对于一切人，除了经济情况使其不依赖于其他善良意

---

* 近来大量灌输的一种迫害者的激情，与印度兵叛变事件中我们国民性最坏部分的普遍显现相结合，从这当中可以得到大量的警示。教堂讲坛上盲信者或大言不惭的人们发出的狂语也许不值得理会；但福音派的首领们在治理印度教徒和伊斯兰教徒问题上却作为一条原则宣布，凡不讲授《圣经》的学校都不得接受公款资助，其后果必然是，公职只授予真正或假冒的基督徒。据报告，一位副国务大臣于 1857 年 11 月 12 日向其选民发表演讲时曾说："不列颠政府对他们信仰的宽容"（不列颠亿万臣民的信仰），"对他们称为宗教的迷信的宽容，已产生了阻滞不列颠声誉上升、阻碍基督教健康成长的效果……宽容当然是我国宗教自由的巨大基石；但不要让他们滥用'宽容'这一珍贵的字眼。按照他的理解，所谓宽容，就是**在具有同一崇拜基础的基督徒之中**，人人都有完全的崇拜自由。这是对**信奉一个共同中介的基督徒**各个不同宗派的宽容。"我想提请注意的事实是一个被认为适宜在自由党政权下在我国政府中担任高级官职的人主张这样一个学说，即凡不相信基督为神的人均在宽容的范围之外。试问，看到这种低能的表现之后，谁还能沉湎于这样的错觉，以为宗教迫害之事已经一去不复返了呢？

志的人以外，舆论就像法律一样有效力；人们可以被投入监狱，也可以被拒绝获得赚取面包的手段。那些已将面包稳赚到手而无意向有权势者、团体或公众邀宠的人，在公开发表意见方面自然没有什么可害怕的，但却怕被人误解、被人瞎议论，而这些应当并不需要什么了不起的英雄品格才能使他们能承受。这里并没有什么诉诸怜悯心（ad misercor diam）为他们辩解的余地。尽管我们现在已不像以前习惯做的那样把许多祸害加于跟我们想法不同的人，却可能以我们现在对待他们的方式来对我们自己制造像历史上一样多的祸害。苏格拉底被处死了，但苏格拉底的哲学就像天上的太阳，光辉普照整个智慧的长空。基督徒被投入狮笼了，但基督教会则长成一棵繁茂的参天大树，高出诸多老旧而少有生气的植物，并以自己的复荫抵制着这些植物。我们现在只是有一点社会的不宽容，这既不杀死什么人，也不根除什么观点，但却诱使人们把意见掩盖起来，或者避免传播观点的积极努力。在我们这里，每隔十年或一代人，异见几乎看不出获得了什么阵地，甚至还丢失阵地；它们从未传播得深远而广阔，而只是在一些深思勤学之士的小圈子里继续暗暗燃烧；它们在这些人之中发源，却从未把真实或虚假的光亮照射到人的一般事务上。如此便维持了一种让有些人感到很满意的事态，因为这里不存在罚没或监禁什么人的不愉快过程，就把一切占优势的观点维护得在外表上未遭纷扰，同时，也没有绝对地压制沉湎于思想歪风的异见者们行使其理性。这是一个保持知识界的宁静、保持其中一切事物都一如既往地进行下去的便利方案。但是，为这种知识之平静无扰所付出的代价却是牺牲掉人类心灵中的全部道德勇气。在这样一种事态中，一大部分最积极、最好钻研的知识分子都认为，最好把一般原则和他们所深信的信念之依据埋藏在心底，而在公开演讲中则尽一切努力使自己的结论符合他们从内心所排斥的那些前提，这种状况是绝无法产生一度装饰过思想界的那些心胸开阔、大无畏的人物和合乎逻辑、贯彻始终的知识分子的。在这种事态之下能够发现的那一类人，要么是陈词滥调的应声虫，要么就是真理的时髦货，他们在一切重大题目上的论证都是为了听众，而不是使自己真正心悦诚服的东西。这两种途径之外的人，其思想和兴趣仅限于一些说来不致触犯原则领域的事情，也就是一些细小的实际事务上，这些事情，只要人类心灵得到加强和扩展，就可以自己搞正确，而且也只有到那时才能有效地搞正确，而到此时，则已经放弃了足以加强和扩展人们心灵的东西，即对于最高问题的自由而勇敢的思辨。

认为异见者的这种缄默不是什么祸害的人，首先应当考虑一下，这样缄默的结果是，异见永远也得不到公正而透彻的讨论；而经不起如此讨论的那些异见，尽管也许会被阻止传播，却不会因此而消失。但是，由于禁止一切不能得出正统结论的探究而恶化得最厉害的，还不是异见者的心智。对其造成最大伤害的是那些非异见者，由于惧怕异见的恶名，他们的整个精神发展被扼杀了，他们的理性被吓坏了。一大批颇有前途的知识分子和性格怯懦的人物，不敢追求任何勇敢、生气勃勃和独立的思想成果，以免陷入被视为不信教或不道德的境地，试问，谁能计算出这个世界为此而遭受的损失之巨？在这些人中，我们也许还可偶尔看到某个具有深刻良知、精微细致理解者，所过的生活是以其不能压灭的智慧周旋于人情世故，竭尽其所有天才思想的资源将其良心和理性所催促的东西与正统观点相调和，但他到最后也许还是未获成功。作为一名思想家，其首要责任就是遵循自己的智慧，得出它可能推导出的无论什么样的结论，认识不到这一点，就不能成为一位伟大的思想家。假设某人以应有的学习和准备，自己进行独立思考，结果产生了一些错误，另一些人虽持有正确的观点，却只是由于他们不愿意自己进行思考，那么，前者所获得的真理甚至比后者还要多。不只是或主要不是为了成为伟大的思想家才需要思想自由。与此相反，正是为了使一般人达到他们的能力所能达到的精神高度，思想自由才同样是、甚至更加是必不可少的。在精神奴役的一般氛围之中，曾经有过、也许还会有伟大的个别思想家。可是在这种氛围之中，从来未有、也永远不会有智慧活跃的人民。如果哪一国的人民曾经一时接近过这种性格，那也是因为暂时搁置了对于异端思想的恐惧。任何地方若存在原则上不得争辩的默认的约定，任何地方若认为所有关于能够占据人心的最大问题的讨论必须终止，我们就不能指望在这些地方看到曾使某些历史时期特别突出的那种普遍高水平的精神活动。而且，只要争论回避了那些重大而要紧到足以燃起人们热情的问题，就绝不会从根基上激起人民的心智，所给予的推动也绝不会把即使具有最普通智力的人提高到思想动物的尊严之位。关于此等思想活跃的情况，我们有紧接宗教改革之后一段时间的欧洲状况的例子；另一个例子仅限于欧洲大陆并且仅限于较有教养的阶级，即 18 世纪后半期的思辨运动；第三个例子为时更短，即德国在歌德和费希特时期智慧的跃动。这三个时期所发展出来的一些具体观点是大不相同的，但在一点上却是相同的，就是这三个时期都打破了权威的枷锁。在每个时期，旧的精神专制已被推翻，而新的还未确立。正是这三个时期所给予的推动才造就了欧洲今天的样子。无论是在人的心智还是在制度方面出现的每一个进步，都可分别追溯到这三者之一。但一段时间以来，一些现象表明，所有这三个推动力都已差不多耗尽了；若不再度推进精神自由，我们就不能期待什么新的起步。

让我们转到论证的第二部分，不再假定任何公认的观点都可能是谬误，而是假定它们都是真实正确的，然后再来考查一下，如果不自由而公开地仔细讨论这些观点的真理性就持有它们，那会有什么价值。持有一种坚定观点的人，不论怎样不愿承认其观点有可能是谬误，只要想到下面这一点，也应该为之所动了，即他的观点不论怎样真实正确，只要不充分地、经常地和无畏地讨论它，那它也是作为一个死的教条而不是活的真理被持有的。

有一类人（幸而不如以前那么多了）认为，某人只要对于他们所认为正确的观点无怀疑地表示赞同，即使对于它的根据一无所知，并且不能为它针对最肤浅的反驳进行站得住脚的辩护，也足够了。这样的人，只要能够一朝领得权威方面教给他们的信条，便自然会认为，如果还允许对该信条提出质疑，那就没有好处而只有害处了。当他们的影响力占据主导时，他们就会使得人们几乎不可能明智而慎思地拒绝一个公认的观点，尽管仍然可能鲁莽而无知地否定它；因为几乎不大可能完全杜绝讨论，而当它一旦到来时，无坚定信念作为基础的信条，一碰到些许貌似论辩的东西就会退却。然而，即使舍弃了这种可能性（即假定正确观点扎根于心中，却是作为一种偏见、脱离论证的教条、反对论证的证据而扎根于心的），这也不是一个理性存在者持有真理所应采取的方式。这不是认知真理。这样持有的真理，只不过是个迷信，偶然附着在宣告真理的词句上罢了。

如果说人类的心智和判断力是应当培养的（这至少是新教徒所未予否认的），那么，在什么基础之上最适合锻炼一个人的这些能力呢？难道还有比那些如此深切地关涉其本人、以致被认为有必要在此基础上持有观点的事物更为适宜的吗？如果理解力的培养在某事中胜过其他什么事，那么，此事无疑就是了解一个人自身观点的根据。在一些正确地相信是最重要的题目上，人们不论相信什么，都应当能够至少在一般的反驳意见面前为它辩护。但是有人会说："把他们观点的依据**教**给他们就成了。这并不表示对于一个观点，因为没有听到争议就一定是鹦鹉学舌。学习几何学的人并不只是把定理装入头脑记忆，而是同时也理解并学习推理求证；如果因为他们从未听到什么人否认并试图证伪几何学的真理，就说他们对于几何学真理的依据仍然无知，那就荒谬了。"毫无疑问，这样的教导足够适用于像数学这样的科目，其中根本就没有问题错的一方要说的东西。数学真理的证据特殊之处在于，所有的论证都在一方。这里不存在反对意见，也没有对反对意见的答复。但是，在每一个可能出现不同观点的科目上，真理取决于在两组相互冲突的理由之间达成的平衡。即使在自然哲学中，对于同样的事实也总可能有另外的解释；例如以地球中心说代替太阳中心说，以燃素说代替氧化说；这就必须表明为什么另一理论不能成为真理；除非表明了这一点，而且我们也知道它是怎样表明的，否则我们不能算已经理解我们所持观点的依据。但是，当我们转到一些复杂得多的科目，转到道德、宗教、政治、社会关系、生活事务等等的时候，对每一个有争议的观点有四分之三的论证需用于消除一些有利于不同观点的现象。古代一位最伟大的演说家（只一人在其上）在记载中说，他总是以研究自己情况同样的强度（如果说不是更大的话）来研究对手的情况。西塞罗①践行这种方式以在公开辩论中获得成功，需要所有为了追求真理而研究任何题目的人仿效。一个人如果对一件事情仅仅知道他自己的一方，那他对此事就所知甚少。他的理由也许很好，也许无人能驳倒它们。但是，如果他也同样不能驳倒反对方的理由，也不完全知道那些理由都是些什么，那么，他就缺乏选取其中一个观点的依据。这时他合理的立场应当是把判断悬置起来，而且除非他满足于此，否则他就要么被权威牵着走，要么像世界上一般情况那样，采取他自己感觉最倾向的那一方。况且，一个人如果仅从他自己的教师们所转述的样子来听对手的论证，并且其中还伴有教师们所提供的作为辩驳的东西，那也是不够的。这不是公正对待论据的方式，也不会使它们真正触到自己的心灵。他必须能够从真正相信这些论据、真诚为其辩解，并为之做

① 西塞罗（Cicero，前106—前43年），罗马演说家、政治家和哲学家。——译注

出所有努力的人那里听取这些论据。他必须在这些论据最显得可信、最具说服力的形式下来认识它们;他必须感受到该题目下的正确观点不得不遇到并解决之难点的全部力量,否则,他就绝不能真正掌握足以对付并解决该难题的真理。百分之九十九的所谓受过教育的人们都处于这种状况,甚至那些能为自己的观点口若悬河辩护的人也是如此。他们的结论也许正确,但对于他们所知道的东西也许会是谬误;他们从未把自己放到与他们思想不同的人们的精神处境中,去考虑一下这些人必会说些什么;因此,他们并不知道(从这个词的任何本义来说)他们自己所宣称的学说。他们并不知道,一个学说的某些部分足以说明其余部分,并为其正当性作辩护——这些考量表明,两个看似冲突的事实其实可以彼此调和,或者表明在两个看起来都很强的理由之间应当选取哪一个。他们对于所有改变天平、决定一个广闻博见的头脑作出判断的那部分真理,都是陌生的;而且,除非是那些平等地、不偏不倚地关注双方,并竭力从最强的光亮下来观察双方的理由的人,否则就绝不能真正知道这部分真理。对一些道德和人文题目若要获得真正的理解,这条纪律是如此地带有根本性,以致在一切重要真理上如果不存在反对者,我们就很有必要设想一些反对者,并向他们提供最富技巧的魔鬼辩护者所能编出的最有力的论据。

为了削弱上述诸多思考的力量,也许可设想自由讨论的反对者会说,人类没有必要普遍知道并理解哲学家和神学家们所能说出的反对或赞成其观点的一切道理。他们说,不必要求普通人都能揭露一个天才反对者的一切错误陈述或谬论。他们说,只要总有某人能够回答这些谬论,使得一切有可能误导无学识之人的东西不致于不受批驳,也就足够了。他们说,思维简单的人既然被教予那些反复灌输于真理之上的明显依据,就可把其余事情托付给权威人士;他们既然意识到自己既无知识也无才能去解决每一个可能提出的难题，那就可以高枕无忧地休息了，反正在此任务上受过特别训练的人已经或者能够解答所提出的一切难题。

对于本课题的这一见解，姑且让步到在理解真理（应当伴随着信仰真理）的数量上最容易感到满足的那些人所能主张的最大限度；即便如此，赞成自由讨论的论证也未获削弱。因为即使这个说法也承认，人类应当获得这样的理性保障，即对于一切反对意见都给予了满意的答复；如果不把需要答复的反对意见说出来，那它们又怎能得到答复呢？如果反对者没有机会表明答复不能令人满意，那又怎能知道答复是令人满意的呢？即便不是公众，至少是那些要解答难题的哲学家和神学家必须在其最令人困惑的形式之下熟知它们；而要做到这一点，就非得把它们自由地表达出来，并置于它们容许的最有利的光亮之下。天主教有对付这个棘手问题的办法。它把人宽泛地分为两类，一类是能被允许其以坚定不移的信念（conviction）来接受它的教义，另一类则必须靠直觉信赖（trust）来接受它们。的确，对于这两类人，都不允许在接受什么这一点上有任何选择；但是教士们，至少是能予以充分信任的教士们，为了解答反对意见，却得到允许并受到奖励去熟悉反对者的论据，因而可以读到异端的著作；至于凡间俗人，除非得到特别的准许，否则很难有这种机会。这条规约承认，有关敌方的知识对于宣教者是有益的，但也想出与此并行不悖的办法，即不让世界上的其他人接触它；这样就给予精英（élite）以比一般大众更多的精神文化，尽管不是更多的精神自由。天主教用这种方法成功地获得了其宗旨所要求的精神上的优越地位，因为我自由的文化固然绝不能造就一个博大而自由的心灵，却的确能造就一个聪明的法庭辩护士[①]。但是在宣奉新教的国度里,这种方法却被否定了,因为新教徒主张(至少在理论上主张),选择一个宗教的责任必须由每人自己承担起来,而不能推托给宣教者。此外,在当今之世,把有学识人士所读到的著作对无学识者封锁起来,实际上也办不到。若要人类的教师们认识到他们应当知道的一切东西,就必须允许每样东西都自由地写出来,无束缚地印行出来。

然而,在公认的观点均系正确的前提下,如果说缺少自由讨论这样的有害做法还只限于使人们不能知道这些观点的依据,那么或许还可认为,这即使是智识上的恶、却还不是道德上的危害,就观点对品格的影响而言,这还无损于这些观点的价值。但事实却是,在讨论缺席的条件下,不仅观点的依据被遗忘了,而且观点的意义本身也常常被遗忘。表达意义的词句不再揭示什么观念,或者只揭示了它们原先用来表达的观念的一小部分。代替生动的观念和鲜活的信仰的,只有陈词滥调中留下来的一些只言片语;或者,若说意义还有什么部分被保留下来的话,那也只是观点的外壳和表层,其精华业已尽失。人类历史中充盈着由这种事实所占据和填充的巨幅篇章,对其研究和思考无论多么认真也不会过分。

几乎一切伦理学说和宗教信条的体验,都说明了这一点。对于其创始人及其直传弟子来说,这些原本是充满着意义和生命力的。只要斗争继续下去,使得这些学说和教义占据对于其他教义的优势地位,人们就会继续以毫不减弱的强度感觉到它们的意义,也许甚至还会阐发到更加充分的意识之中。最终,它要么占据优势而成为普遍的观点,要么停止前进;它只维持现有的阵地而不再进一步传播。

① 原文为 nisi prius advocate, 其中的 nisi prius 是个拉丁语,系法律用语,指的是现有法律唯有在从反面推导之后才会被认为有效。——译注

一俟这两种结局之一明显可见,关于这个题目的争论就会缓和下来,并逐渐走向消失。该学说就获得了一种地位,即使不是一个公认的观点,也是观点中得到认可的诸派别或部分之一;而持有它的人一般也只是沿袭而不是接受了它;从信奉一种学说转变到信奉另一种学说,这在目前已是非常罕见的例外,在其宣告者的思想当中也就不占有什么地位了。他们此时已不像起初那样总是保持戒备状态,要么是面对世界为自己辩护,要么是争取世界投入自己的怀抱,而是已经沉浸于一种默认妥协的状态,既不听取反对他们信条的各种论证(只要他们忍受得住),也不以有利于该信条的论证去扰乱异见者(假如还有异见者的话)。从此时起,通常可以算作该学说的活力开始衰退的时候。我们常常听到所有信条宣导者哀叹下述做法之难,即让信徒对于他们在名义上承认的真理保持一种鲜活的领会,从而得以透入情感、真正支配行动。当一个信条仍然在为其存在而奋斗时,就不会抱怨这样的困难;此时,即使是较弱的斗士也知道、并且感觉到他们为什么而奋斗,以及它与其他学说之间的区别;在每个信条存在的这个时期,都可以看到,不少人曾从所有思想形式中来认识该信条的基本原则,从其一切重要含义来衡量和思考这些原则,并且体验到该信条对于品格的完整效应,即对于该信条的信仰在一个被它完全浸淫的心灵中应当产生的效果。但是,当它变成了一个承袭的信条,而且人们是被动而不是主动接受它的时候,也就是当心灵不再被迫在信条所揭示的问题上按照起初的程度运用其生命力时,就出现这样一种进步的趋势,即把该信条除一些公式以外的全部内容都忘却,或者只对它表示一种迟钝而麻木的同意,仿佛既然出于信赖而接受它,就没有必要在意识之中认识它,或者以亲身经验来检验它,直到它几乎不再把自己与人类内心生活联系起来。于是就出现了世界的这个年代经常出现,以致形成了多数人观点的情况:信条竟然像是存在于人的心智之外,把人的心智固定和僵化起来,以阻挡对我们人性更高部分的其他所有影响；它这样来表现自己的力量，即不容任何新的、活的信念渗入人心，而其自身除了作为一名哨兵监督头脑或心智使其保持空虚以外，就无所事事了。

本来能给人心灵留下最深刻印象的学说，却可能在人心中成为死的信条，而不能体现在想象、情感或理解之中，如此状况所能达到的程度，在大多数教徒信奉基督教教义的情况中可见一斑。我这里所说的基督教，指的是一切教会和教派所承认的，即《新约》所包含的那些格言和训条。这些都是一切自称基督徒者视为神圣并当作律令接受的东西。然而，可以不过分地说，一千个基督徒当中也没有一个真的参照这些律令来指导或检验自己的个人行为。他在个人行为上所参照的标准是他所属的民族、阶级或宗教职业的习俗。于是他一方面拥有一套道德格言，他相信这些都是不可能出错的智慧馈赠于他的一些治理规则；另一方面又有一套日常生活中的判断和做法，其中一些在某种程度上与某些格言相吻合，与另外一些格言就不那么相符，甚至与某些格言直接对立，但总体说来，则是基督教信条与世俗生活中的利害及建议之间的一种妥协。他崇敬前一套标准，而他赋予真正忠诚的则是后一套标准。所有基督教徒都相信，上帝赐福的是穷人、贱人和被世人不公平对待之人；富人进入天国比骆驼穿过针孔还困难；他们不应作裁判，否则自己就要受到裁判；他们绝对不应该指神发誓；他们应该爱邻如己；假如有人拿走他们的长袍，他们就应把自己的上衣也送上；他们不应当殚精竭虑到明天；他们若要尽善尽美，就应当卖尽自己的所有并散布给穷人。当他们说自己相信这些事情的时候，他们并非不真诚。他们的确相信这些，正如人们相信自己听到的赞颂之词却从来不加以讨论一样。但是，就这个制约行动的鲜活信仰的意义而言，他们之信仰这些教义，只是达到其通常对他们起作用的那一点而已。这些教义在其完整性的意义上，如果用来打击敌人，那是很可以派上用场的；可以理解，人们无论做他们认为值得赞扬的什么事情，都要（在可能时）拿出这些教义来作为理由。但是，任何一个人如果提醒他们说，这些格言还要求他们做从未想到要做的许多事情，那么，此人将无所收获，而只是被归入那种与他人争强好胜却很不受欢迎的角色。这些教义在普通信徒那里并没有扎根，在他们心中并未成为一种力量。他们只是习惯性地尊重这些教义的声音，却并没有从词句延伸到所指事物的感受，并且迫使心灵把**它们**吸纳进去，使之符合公认规则。一涉及到行为，他们就四处找寻 A 先生和 B 先生，以便指导他们服从基督到什么程度。

现在我们可以确信，在早期基督徒那里，事情并非如此，而绝对是另一回事。假如事情曾经如此，那基督教就绝不可能从一个受蔑视的希伯来人的隐蔽教派扩大成为罗马帝国的国教。当他们的敌人说："看这些基督徒是怎样彼此相爱啊"的时候（这句评语现在大概不会有人说了），他们那时对于自己信条的意义无疑怀有极其鲜活的感受，其程度是他们在此后再也达不到的。大概主要由于这个原因，基督教目前在扩张领域方面取得的进展甚微，它在 18 世纪以来几乎仅限于欧洲人和欧洲人后裔。现在，即便是严格的教徒，即那些对自己的教义非常认真、比普通人赋予其中的许多教义以更多意义的人们，通常在他们心中相对活跃的那部分教义也只是加尔文、诺克斯①或者在性格上与他们很相近的人物所讲的内容。至于基督本人的话，只是在他们心中无动于衷地并存着，其产生的结果几乎不会超出只是聆听一些温和可亲的语句所引起的效果。说到作为某一教派独有标志的教义为什么能够比一切公认教派所共有的教义保持更强的生命力，从事宣教的人们为什么在维持后者意义的生动性上感到更

---

① 加尔文（John Calvin，1509—1564）、诺克斯（John Knox，1514？—1572）是新教改革的主要领导者和神学家。

多的痛苦,无疑有许多原因;但可以确定的一个原因是,那些独特的教义都遭受过更多的质疑,都必须更加频繁地在公开的反对者面前为自己辩护。一旦战场上没有了敌人,宣教者和学习者就都在他们的岗位上睡大觉了。

一般来说,同样的道理也适用于一切传统学说——有关生活的慎思和知识以及道德或宗教方面的传统学说。所有的语言和文献中都充满有关生活的普通议论,既谈到生活是什么,也谈到在生活中怎样做人——这些议论是每个人都知道,是每个人都一再复述或默许地倾听的,也是被当作自明的公理接受的,然而,大多数人只是在切身体验(一般是痛苦的体验)使其意义对他们成为现实时,才开始真正了解它。屡见不鲜的是,一个人在受到某种未曾料想的不幸或失望的创伤之后,才想起他一生中所熟知的某些谚语或俗话,而对于这些谚语的意义,他如果早就像此时那样感同身受,那就可拯救他免遭此灾了。导致这种情形的,除了缺乏讨论以外,的确还有其他一些原因;许多真理,不到个人亲身经验到时,就**不能**认知其完整的意义。然而,即便是这些真理,一个人只要惯于听到真正理解它的人从**赞成**和**反对**两方围绕它进行的辩论,对其意义的理解就会多上好多,所理解的东西印入其心中的程度也会深刻得多。人类一见某事不再可疑就放弃思考,这种致命的倾向是其所犯一半的错误之根源。

一位当代作家对此说得好:“既定观点的昏昏沉睡。”

但是且慢!(有人也许会问),难道真实正确的知识是以缺少一致意见为必要条件的吗?难道为了让任何人能够认知真理,就必须有一部分人坚持错误吗?一个信念一旦被普遍接受,果真就失去了它的实在性和生命力了吗——一个命题除非还保有一些疑问,否则就真不能得到彻底理解和感受了吗?是不是说,一旦人类一致接受某个真理,该真理就在他们当中消亡了呢?人们迄今一直以为,改进智识的最高目标和最佳结果就是在一切重要真理的认定上让人类越来越团结一致;难道说智识只在未达到它目标的时候才存续吗?难道征服的果实因为胜利完满实现而自我消失了吗?

我并未肯定这些说法。随着人类的进步,不再争论或质疑的学说之数量是会不断增加的;而且可以说,几乎要用已达无可争辩程度的真理之数量和质量来衡量人类福祉。一个又一个问题上的严重争论的休止,是观点固化过程中的必要事件之一——这种固化,在正确观点方面是有益的,但在观点是错误的时候就变得危险和有害了。然而,虽说意见分歧界限的这种逐渐缩小在不可避免和不可缺少的双重意义上有其必要性,但我们却并不因此而必须得出结论说,它的各种结果就一定是有益的。对于某真理的富有智慧而生动的领会而言,丢掉像为该真理向反对者进行解释或辩护的必要性所提供的那样重要的助力,这样的损失与该真理获得普遍承认的收益相比,纵然不足以压倒后者,也是一个不小的抵消。我承认,当这种助益不能再有时,我倒愿意看到人类的宣教者努力提供它的一个代替物——设法把问题的难点呈现在学习者的意识面前,就像一个急于争取他转变的不同见解的持有者把难点提到他面前一样。

然而,人们并没有为了实现这个目的而寻找方法,还把他们以前采用的方法也丢掉了。像柏拉图的对话中苏格拉底的辩证法这种辉煌的例证,就是这里所说的一种方法。这实质上是关于哲学和生活上一些重大问题的一种负面的讨论,在登峰造极的技巧的指导下,旨在说服那些只采纳公认观点中一些陈词滥调的人,让他知道自己并没有理解该话题——知道他对自己所宣奉的学说还没有赋予明确的意义;为此,日渐意识到自己的无知,他也许就把自己置于一条获得稳固信仰的道路,使之建立在对于学说及其证据的意义进行清晰领会的基础之上。中世纪的学院论战,也有着或多或少类似的目标。论战的意图是确保学生们理解自己的观点,以及(通过必然关联性)

与此相反的观点，能够强化前者的依据，并且驳倒后者的理由。这些学院论战的确有其不可救药的缺陷，即所诉诸的前提是出于权威而不是理性；作为心智的一种训练，它在各方面也都不及形成“苏格拉底弟子”（Socraticiviri）[①]智力的那种强有力的辩证法；但是，这两者在远超过一般人愿意承认的程度上对现代人心智作出了贡献，而现代的教育方式也没有任何东西可以在最小程度上充实这两者中任何一个的位置。一个只从教师或书本上获取一切教益的人，即使躲开了来自四面八方的使自己满足于填鸭般灌输的诱惑，也不会被迫去兼听双方观点；因而，甚至在思想家当中，兼知双方的成就也远不是经常出现的；每个人在为自己观点辩护时所讲到的最弱部分正是他意图用来答复敌手的东西。目前时兴的做法是贬低反面逻辑——只指出理论中的弱点或实践中的错误，而不确立正面的真理。这样一种负面的批判，作为最终结果的确是很不够的，但是，如果作为达成任何一种名副其实的正面知识或信念的手段，那无论怎样评价都不会过高；在人们再度系统地接受这种逻辑训练之前，将会很少出现大思想家，而在除数学和物理部分以外的任何思想方面，也只会出现一般的低智力水平。在任何其他题目上，没有一个人的观点堪称为知识，除非他由于别人的强迫或出于自己的主动作为而经历那种与反对者积极争辩所要求的精神活动。因此，这样一个东西，没有它时是如此必不可少，又如此难以创造，而当它自己主动提供到面前时，却又弃之不用，荒唐之事莫过于此！如果有人对一个公认的观点提出争议，或者在法律或舆论容许时提出这样的争议，那么，我们要感谢他们，敞开胸怀聍听他们，还要为此而欣喜鼓舞，因为有人替我们做了我们

① Socratici viri is a Latin phrase which translates as Socrafes' men, though it is more usually used to mean disciples of Socrates or followers of Socrates. 转自维基百科。——编注

本应该以更大的辛劳为自己做(假如我们还关注自己信念的确定性或生命力的话)的事情。

使得观点多样化大有裨益,并将继续下去,直到人类进入智识进步在今天看来还相当遥远的一个阶段,这当中有若干个主要原因,现在再讲讲余下的一个原因。我们迄今只考虑过两种可能性:一是假定公认的观点是错误的,则某个另外的观点是正确的;二是假定公认的观点是正确的,则与对立的谬误之间的冲突,对于清楚地理解和深切地感受该观点的真理性就相当重要。但是,还有比这两种可能性更常见的情况:两个相互冲突的学说,并不是真理非此即彼,而是分享了介于二者之间的真理;该公认的学说只体现了该真理的一部分,于是就需要那个与之不合的观点来补足它所遗漏的真理部分。在非感官所能触到的题目上,流行的观点往往是真的,却很少是、或者从来就不是全部真理。它们是真理的一部分,有时是较大的一部分,有时是较小的一部分,但被夸张、歪曲,它们本应和真理相伴随并受真理限制,却和真理分离开来。另一方面,异端的观点一般是某些被压制和被忽视的真理,突然摆脱了束缚它的锁链,要么是寻求与普遍持有观点中所含的真理相调和,要么是与通行观点为敌,而以同样的排他性自立为全部真理。后一种情况是迄今为止最常见的,因为在人类心智方面,片面性总是通则,多面性却是例外。因此,甚至在观点的涡旋运动中,通常也是真理的这一部分坠落下去,那一部分提升上来。甚至在本应是累加性的前进运动中,大多也只是由一个片面而不完全的真理取代另一个;改善之处主要在于,新的真理片段比它所代替的更合需要、更适应时代的要求。立于正确基础上的主流观点尚且都具有这样的片面特性,所以,应当重视通行观点所忽略,而其本身却多少体现部分真理的每一个观点,不论该真理当中可能混杂了多少谬误和混乱。任何一个清醒之人的事务的判断者,都不会因为下述情况而感到无法抑制的愤怒，即那个迫使我们注意到我们本会忽略掉的真理的人忽略了我们所看到的某些真理。他毋宁会认为，只要流行的观点还是片面的，比其他情况下更可取的态度就是，非流行的真理也应该有其片面的主张者，因为这样通常最有生命力，也最可能迫使人们对于这些片面主张者宣称全面而实则片面的智慧给予勉为其难的关注。

在18世纪，当几乎一切有学养的人及其引领的无学养的人都狂热地赞叹所谓的文明，赞叹近代科学、文学、哲学的各个奇迹时，当他们大大地高估现代人与古代人差别的程度，偏信这全部差别均有利于他们自己时，卢梭①的一些似非而是的议论像炸弹一样，在一堆结构紧密的片面观点中爆炸，改变其位置，迫使其中的成分以更好的形式与新的成分重新组合起来，这引起了多么有益的震撼效果啊。并不是那些流行的观点在整体上比卢梭的观点距离真理更远；相反，它们离真理更近；它们包含更多的正面真理，错误也少得多。然而，在卢梭的学说当中却包含着恰是流行观点所缺少的数量可观的真理，它们随观点的洪流而下；等潮水退去之后，现出了遗留于后的宝藏。生活的简朴之高尚价值，虚伪社会的网罗和虚伪之耗费精力、败坏风气之恶果，这些都是自卢梭的论著之后从未在有教养的心灵中完全丧失的观念；它们随时还会产生其应有的效力，当然，在今天像在任何时候一样都需要大力维护，并且还需要用行动来维护，因为语言在这个话题上几乎已力量耗尽了。

再看政治方面，几乎已成老生常谈的是：一个党主张秩序或稳

---

① 让·雅克·卢梭（Jean－Jacques Rousseau，1712—1778），法国大革命时期的民主派最敬重、经常引述的政治哲学家。他是一位内心复杂而矛盾的作家，把现代政治与古代的城邦进行了对比，并且认为在重要的方面，“自然的”或前政治的条件比“开化的”状况要优越。——译注

定，另一个党主张进步或改革，两者都是政治生活健康状态之要素，直到此党或彼党扩充其理解力，懂得并善于识别什么适合维护，什么应当清除，从而成为一个既重秩序又重进步的政党。这两种思想方式各借助于对方的缺点来显示自己的用处；但也在很大程度上各自依赖对方的反对才把自己维持在理性和健康的范围以内。民主政体与贵族政体、财产权与平等、合作与竞争、奢侈与节俭、社会性与个性、自由与纪律，以及在实际生活中所有其他相互对立的主张，除非把赞成每一方的观点都以同等的自由发表出来，并且以同样的才能和精力进行主张和辩护，否则就没有机会让每一方各得其之应得；天平的一方肯定会上升，另一方则会下降。在生活中的一些重大实践关注点上，真理在很大程度上是对立面相互协调和结合的事情，而很少有人具有足够宽宏大量和公正对待的心胸将上述事情调整到接近正确，这就必须借助于作战双方在敌对旗帜下进行斗争的粗暴过程才能实现。在上面刚举出的任何一个重大公开的问题上，如果两种观点中的一个比另一个更占优势，那么，恰恰是那个在特定时间和特定地点居于少数地位的观点，不仅应得到宽容，而且应得到鼓励和支持。这个观点在当时代表着被忽略了的利益主体，代表着人类福祉中存在所得少于其应得之危险的那一方面。我知道，在我们英国，在这大部分题目上，对于观点的差异并没有什么不宽容之处。之所以举出它们，乃是借助所承认的更多的例子来表明这样一个事实的普遍性，即在人类智慧的现有状态下，只有通过观点的多样化，才有让真理的各个方面展开公平竞赛的机会。如果发现有些人在任何题目上成为举世明显一致看法的例外情况，那么，即使全世界都属于正确的方面，这些少数异见者也总可能有其为自己辩护的东西，值得人们去倾听，而他们的缄默不语就会让真理有所损失。

有人也许会反驳说：“可是，**某些**公认的原则，特别是有关最高和最重要问题的公认的原则,却并不只是半真半假的陈述。例如,基督教的道德就是道德问题上的全部真理,而如果有人教导一种不同于它的道德,那他就堕入完全的错误之中。”这是实践方面所有情况中最重要的,没有什么能比它更适合检验普遍格言了。但是,在断言基督教道德是什么或不是什么之前,最好先确定所谓基督教道德指的是什么。如果它意指《新约》中的道德,那我就疑惑,任何从该书本身得出其道德知识的人,怎能断定这本书是把它宣布为、或者本意是让它成为道德方面一套完备的学说呢?《福音书》就总是引述先前存在的道德,而把自己的训条仅限定在一些特定的事项上,而在这些事项中,则以一种更广泛和更高的道德来纠正或代替这一先前的道德;而且,它的表达形式也是出自最广泛的、往往不可能死扣字面意义来解释的词句,与其说带有立法的准确性,不如说具有诗一般的或雄辩的感染力。不从《旧约》那里有所借鉴,仅从《新约》抽取出一套道德学说,是绝无此可能的;这就是说,还需从一个的确精工细制,但在许多方面却是野蛮的,而且本意只是为野蛮人而设的道德体系那里获得补充。圣保罗公开宣布敌视这种犹太教式地解释其主教义并充填其架构的做法,他也同样断定一种先前存在的道德,即希腊人和罗马人的道德;而他给基督徒的劝告,在很大程度上是该道德的一个调整了的系统,甚至达到公然承认奴隶制的地步。目前所谓的基督教道德,实则应当称为神学的道德,它并非基督本人或基督使徒的作品,而是出自此后相当长的年代,是由公元头五个世纪中的天主教会逐步建树起来的;近代的人和新教徒虽未无条件地采纳之,但变更的内容也不多,远未达到可以期待他们予以改变的程度。其实,他们大部分只满足于把中世纪所增加的内容去除,而每一教派又填补了适合自身特点和倾向的新东西。人类大大地受惠于这种道德及其早期宣教者,若有人否认这一点,那我应该是最后一人,但我要毫不犹豫地说,它在许多重要问题上是不完全的、片面的,假如它不认可的某些观念和感受不曾对欧洲人的生活和性格的形成有所贡献，那人类事务就会处于比现在要糟的状况。（所谓的）基督教道德具有反作用力的一切特性；它大部分是对异教精神的一种反抗。它的理想与其说是积极的，不如说是消极的；与其说是主动的，不如说是被动的；与其说是力臻高尚，不如说是只求无罪；与其说是力争向善，不如说是竭力避恶。总之，在它的训条里（有人说得好），“你不该”的词句不恰当地压倒了“你应该”。它惧怕纵欲，就把禁欲主义奉为偶像，于是此后它就逐渐折衷变成一种律法主义。它把天堂的希望和地狱的威胁当作德性生活指派的且合适的动机：就此它远低于古代圣贤的水平，并在其含义中赋予人类道德以一种本质上自私的性质，因为它把每个人的责任感与其同胞们的利益相分离，除非有自身利益的诱惑就不考虑它们。它在本质上是一种消极服从的教义；它教导人们服从一切既成的权威；当然绝非积极地服从他们发出的宗教禁令，但对于加在我们自己身上的任何冤屈，也都不允许有所抵制，更不要说反叛了。在最好的异教国家的道德当中，对国家的责任已占到了超出比例的地步，甚至侵害到了个人的正当自由，而在纯粹基督教伦理当中，责任的这一重要部分却几乎没有得到关注或承认。我们是在《古兰经》，而不是《新约》读到这样一句格言：“统治者在任命某人担任某项官职时，若其领土之内还有他人更称此职，那就是对真主对国家犯了罪。”如果说这里对公众责任这一观念在现代道德中给予了些许承认，那也是引自希腊和罗马的来源，而不是取自基督教；类似地，甚至在私人生活的道德方面，如果还存在任何所谓恢宏大度、高尚胸怀、个人尊严，甚至荣誉感等等品质，那也是取自我们教育当中纯粹俗世的部分，而不是其宗教的部分，在一个公开承认其唯一价值就是服从的伦理标准之下，绝不可能形成这些品质。

像任何人一样，我根本不想妄称上述这些缺点在一切可以想象的方式下，就是基督教伦理所固有的缺点；我也不想妄称，一个完备的道德学说所必须具备而基督教伦理所没有包含的许多东西，就不能容许与该伦理相调和。我更不想以此来影射基督本人的教义和训条。我相信，基督所说的话都是我能见到证据表明他是有意那样说的；这些话与一个兼容并包的道德体系所要求的东西并非不能调和；伦理当中最好的东西都可以放到基督的话语里，不致与这些词句有更大的冒犯，正如试图从中演绎出任何实际的行为体系的人们对它曾经做过的那样。但是，与此并不冲突的是，我也相信，基督本人的教义和训条只包含，并且也只意图包含真理之一部分；构成最高道德的许多基本因素则存在于另外一些内容当中，在基督教创始人明文记载的讲话中，并未提供、也未曾意图提供这些因素，在后来教会以这些讲话为基础所建立的伦理体系中，则把它们完全抛弃了。既然如此，我认为，如果坚持试图从基督教教义当中找出一套指导我们的完整规则（教义作者意图以这些规则来核准和实施，但只部分地予以提供），那会是很大的错误。我还认为，这个狭隘的学说正在变成一个严重的实际祸害，严重损毁着如今许多有头脑的人终于尽力增进的道德训练和教诲。我很担心，人们力图在单一宗教类型上塑造人的心灵和情感，而放弃那些一直与基督教伦理并存以及充当其补充的世俗标准（暂时未找到更好的名称），接受基督教的一些精神，又注入一些他们自己的精神，这样做的结果将会产生，甚至现在正在产生一种低贱、卑屈、奴性的品质，擅自屈从于它所认定的“最高意志”，却不能提升到“最高善”的观念或与之共鸣。我相信，必定存在另外一些伦理，它们不是可以单单从基督教的来源演化出来的伦理，却与基督教伦理并肩而行，以促成人类的道德重生；基督教体系也不能是下述规律的一个例外：在人类心智未达到完善的状态下，真理的利益需要观点的多样化。当然，在不再无视基督教所不包含的真理时，并不必然要无视它所包含的真理。如果真的发生了这样的偏见或忽视，那就完全是一种祸害；但这的确是我们不能指望可以永远免除的祸害，应该把它看作是为一种无可估量的好处所付出的代价。部分真理却排他地冒充为全部真理，这必须也应当受到抗议；假如这反应的冲动又使得抗议者失去公正，那么，这个片面性就像那个片面性一样，是可悲的，但必须得到宽容。如果基督徒教导非教徒应当公正地对待基督教，那他们自己就应该公正地对待不信教这件事。对文字记载的历史有最一般了解的人都知道，最高尚、最宝贵的道德教导中的很大一部分，不仅是那些不知道基督教信仰的人们的作品，而且是那些知道却排斥它的人们的作品，如果无视这个事实，那对真理就不能有什么帮助。

我不想妄称，最无限制地运用发表一切观点的自由，就能制止宗教或哲学上宗派主义的祸害。心胸狭窄的人认真对待一个真理时，必定对它竭力主张、反复教导，甚至以许多方法付诸实施，好像世界上再也没有其他真理，或者无论如何再也没有一条真理能够限制或规约这第一条真理。我承认，一切观点都要变成宗派性观点的趋势，不会因为展开最自由的讨论而获得救治，恰恰相反，往往会因此而提升和加剧；那个应当被看到实际却未看到的真理，因为出自被认为的反对者之口而愈加猛烈地遭到排斥。但是，这种观点冲突的有益效果，恰恰不是发生在情绪激愤的极端派身上，而是发生在比较冷静和超然的旁观者身上。可怕的祸害不是真理的各部分之间的激烈冲突，而是一半真理被平静压灭；只要人们还被迫兼听，就总还有希望；一旦人们只关注一方，错误就会固化为偏见，真理本身由于被夸大成为谬误而不再具有真理的效力。站在一个问题的两方之间，面对仅仅其中一方有辩护士作代表，而能够作出明智的判断，这样一种公正执法的能力在人的精神属性中极其罕见；正因如此，除非真理与其每个方面成比例，体现真理任何部分的每一个观点不仅都找到自己的倡导者，而且在倡导时都能被人听到，否则，真理就没有机会。

至此,我们已经从四个独立的根据来认识观点自由和观点表达自由对于人类精神福祉的必要性(人类所有其他福祉都依赖于其精神福祉),现在简要复述一下这四点根据。

第一点,就我们所能够确切知道的而言,如果任何观点被迫保持沉默,则该观点有可能是正确的。否认这一点,就是断定了我们自己的不可错性。

第二点,即使被迫沉默的观点本身是错误的,它也可能,而且通常总是包含部分真理;而且,由于任何主题上的普遍观点或主导观点很少是或从未是全部真理,那就只有借助于敌对观点的碰撞才能使所遗留的真理有机会得到补充。

第三点,即使公认的观点不仅是真理,而且是全部真理,但是,如果不允许它接受并且实际地接受强有力的、认真的争论,那么,它的大多数接受者就会像持有一个偏见那样持有它,也很少理解或感知它的理性依据。不光是如此,还有第四点,该学说本身的意义也会有丧失或减弱,失去其对品性和行为关键影响力的危险:教条已变成只在形式上宣告的东西,对于善失去了效力,却妨碍对依据的探求,阻碍任何真实的、由衷的信念从理性或亲身体验中产生出来。

在离开观点自由这个话题之前,还适宜关注一下这样一种说法:应当允许所有观点的自由表达,但其前提是在方式上要有节制,不得超出公平讨论的界限。关于这些设想的界限置于何处这一任务的不可能性,或许有许多话要说;因为如果检验的方式是看观点受到批评的人是否被冒犯,那么我认为,经验证明,批评只要是雄辩有力的,就总会有冒犯,而且,只要任何一个反对者在该主题上表现出强烈的情感,咄咄逼人地对待对方,使之感到难以回答,那么,对方就会把他视为一个无节制的反对者。然而,这尽管从实践的观点来看是一个重要的考量,但在一个更加根本性的反对意见面前就微不足道了。毫无疑问,主张一个观点(即便它是正确的)的方式可能相当惹人反感,有可能理所当然地遭致严厉的责难。但是,有一类主要的冒犯还在于这样的做法:除非借助偶然的自欺,就不可能使论断成立。其中最严重的是:似是而非地进行论证,压制事实或论据,错误列举情况的各项因素,或者错误地陈述反对方的观点。然而,所有这一切,甚至在最严重的程度上,是由一些并不被视为,而且在其他许多方面也不应被视为无知或无能的人,出于其最良好的信念,持续地做出来的,因此,几乎不大可能在恰当依据的基础上,根据良知把这种错误的表述判定为道德上有罪的做法,而法律当然就更不能擅自干涉这种论战中的错误行为了。至于一般所谓无节制的讨论的含义,即是指谩骂、讥讽、人身攻击和诸如此类的事情,对这些手法的谴责,如果曾提议双方都同样停止使用之,那就值得给予较大的同情;但是,人们却只在对待主导观点时才要求限制其使用;至于用它们来对待非主导的观点,则不仅可能得到准许而未见普遍的反对,而且还会让其使用者博得所谓真诚的热情和正义的愤慨之类的赞誉。但是,从这些手法的使用中所生出的所有祸害,最大的莫过于把它们用来对付相对无防卫的一方的时候;任何一个观点从这种主张它的方式中不论能够得到怎样不公平的优势,这种优势也差不多总是全部归于公认观点这一方。论战者可能做出的最坏的此类冒犯是诋毁持相反观点的人,称之为坏人和不道德的人。在这样一种诽谤面前,抱持任何非主导观点的人特别突出地暴露在前,因为他们一般属于少数人,没有影响力,而且除他们自己以外,无人对看见他们受到公正对待感到很大的兴趣;可是,从事情的性质来看,是不允许用这一手法来攻击一个主导的观点的:他们并不能确保自身可以安全地运用它,即便能够,这样做也只会使自己的论证退缩。一般而言,要想有人倾听与普遍接受的观点相反的意见,就只能使用经过慎思的适度的语言,并且只能最小心地避免不必要的冒犯;哪怕只有很小的一点冒犯,这些观点就很难不丧失阵地,而主导观点的一方如果采取无分寸的辱骂,那就的确会阻吓人们表达相反的观点,也阻吓他们倾听表达相反观点的人。因此,为了真理和正义的利益,限制使用辱骂的语言要比限制使用其他手法还重要得多;举例来说,如果有必要做出区别的话,与阻止对于宗教的冒犯性攻击相比,阻止冒犯地抨击不信教的做法就更加符合需要。但是,无论限制这两者的哪一方,显然都不是法律和权威的分内事,至于观点,则应在每一例中根据个案的情况来决定如何裁决——对于每一个人,无论其自居于辩论的哪一方,只要在其申辩方式中缺乏坦诚,或者表现出情感上的狠毒、固执或不宽容,那就都要予以谴责;但是,却不可从一个人所选定的方面(即使是与我们自己的观点相反的一方)来推断出这些恶行;而且无论每个人持有什么观点,只要他能够冷静地观察并且诚实地表述他的反对者及其观点究竟是什么,既不夸大任何东西以免损害他们的信誉,也不掩藏为他们辩护或可以认为是为他们辩护的东西,那就应该给予这样的人以应得的尊重。这就是公众讨论的真正的道德;如果说还经常有人违反它的话,那么,我仍然乐意看到,还有许多争辩者在很大程度上遵守它,并且还有更多的人发自良知地朝着这个方面努力。

第三章　论个性为福祉要素之一

人应当有形成观点并且无保留地表达自己观点的自由，使得这一点成为绝对必要的若干理由，已经在前面做了论述；除非这种自由得到承认或者不顾禁令而得到坚持，否则对于人的智识，从而对于人的德性便是毁灭性的后果，这也在前面做了说明；现在，作为第二步，让我们考察一下上面这些理由是否也要求人们应当有按照其想法而行动的自由——把这些想法在生活中付诸实践而不遭到其同伴身体或道德上的阻碍，只要是由他们自己去承担风险和危害。自然，上面这句话中的最后的附带条件是不可或缺的。谁都不会妄称行动应当像想法一样自由。相反，甚至当发表观点的情境足以使这种发表构成积极煽动某种有害行为时，观点也会失去其豁免权。有这样一个观点：粮商是让穷人挨饿的人，或者说私有财产权是一种掠夺，此观点如果只是通过报纸流传，那就不应受到妨害，但如果是对一大群聚集在粮行门前的愤怒的民众进行口头宣讲或者以布告形式对这群人发布，那就可以正当地给予惩罚。任何类型的行为，如果没有可正当辩护的缘由而祸害于他人，那就都可以借令人不快的情绪，在必要时还可以借人们的积极干预来进行控制，在一些比较重要的事情上更是绝对需要如此。个人自由必须限制在一个界线内；他绝不能使自己成为他人的妨碍。但是，如果他克制自己，不在涉及他人的事情上妨碍他人，而只在涉及自己的事情上按照自己的爱好和判断而行动，那么，表明观点应该是自由的那些理由，同样也足以证明应当允许他以自己的代价来不受妨害地将自己的想法付诸实践。前述诸原理：人不是不可错的；人的大部分真理只是半真半假；观点的统一，除非是对立观点间最充分和最自由的比较的结果，否则就是不可取的，在人类远比今天更能认识真理的一切方面之前，观点的分歧也不是坏事而是好事，所有这些原理都适用于人们的行为方式，就像适用于人们的观点一样。由于人是不完美的，就应该有不同的观点存在，既然这是有用的，那么，同样可以说应该有生活方面的不同实验；对于各种各样的性格，只要对他人没有损害，就应当给予自由发展的空间；只要有人认为适合一试，就应该让实践来验证不同生活方式的价值。总之，可取的是，在并非主要涉及他人的事情上，个性应当维护自身权利。哪里不以本人自己的性格却以其他人的传统或习俗作为行为准则，哪里就缺少人类幸福的基本因素之一，而且恰恰是个人和社会进步的主要因素。

主张这一原则时将遭遇的最大困难，不在于对达到一个已经认定目标的手段是否赏识，而在人们普遍对这个目标本身的漠不关心。假如人们已经感到个性的自由发展是福祉的首要因素之一；而且这不只是与所谓文明、教化、教育、文化等一切东西相并列的一个因素，其自身又是所有这些东西的一个必要的部分和条件，那么，自由就不会有被低估的危险，自由与社会控制之间界限的调整也就不会显得特别困难。但是，祸害在于，通常的思维方式很少认识到个人的自发性具有什么内在的价值，或者值得为其自身的缘故而给予什么关注。大多数人既然满足于人类现有的那些方式（因为正是他们使之成为现在的模样），就不能理解为什么这些方式对于每个人还不够好；更有甚者，自发性并不构成大多数道德和社会改革家理想的一部分，反倒被妒忌之心视为一种制造麻烦的，也许还是叛逆性的障碍，它妨碍人们普遍接受这些改革家自己判定为对人类最好的方式。甚至像洪堡①这样一位杰出的学者兼政治家,对于其作为一篇论文主旨的学说之意义,也只有很少的,非德国的人能够理解——其要旨是:“人的目的,或由永恒不变的理性命令所规定,而不是由模糊短暂的欲望所揭示的目的,是他的各种能力最高度和最协调的发展,达至一个完全而一贯的整体”;因此,“每人必须不断努力去实现的目标,特别是那些志在影响同伴的人必须一直注视的目标,正是能力和发展的个性”;为此就有两个要求,即“自由和情境的多样化”;这两者的结合就产生了“个人的活力和复杂的多样性”,而这些东西又结合成为“首创性”。*

然而,人们虽然不太习惯于类似洪堡提出的这种学说,并且在听到个性包含如此高的价值时还会感到惊讶,但人们必须认识到,这个问题只能是程度的问题。谁都不会持有这样的行为美德观念,即人们应该完全只是相互摹仿。无人会主张,人们不应该在其生活方式和仅关涉自身的行为中有自己判断或自己个性的任何痕迹。另一方面,如果妄称人们的行动样式应该像是在他们出世以前对世界上的一切均不了解,仿佛经验至今还丝毫未表明某种生存方式或行为方式比另一种更可取,那是荒唐的。无人否认人们应该在年轻时就受到这样的教育和训练,以便了解并得益于人类经验已经确立的结果。但是,一个人到能力接近成熟时,以自己的方式运用并解释经验,这是人的特权和正当条件。他本人需要找出所记录的经验中的哪一部分可以恰当地运用于他自己的情境和性格。在某种程度上,其他人

---

① 洪堡(Wilhelm Von Humboldt,1767—1835),德国政治家和思想家,密尔对他的《政府的权限与责任》一书评价很高。密尔在本书开头所选定的那段引文即引自该书。——译注

* 见洪堡所著《政府的权限与责任》,德文本第 11—13 页。

的传统和习俗是他们的经验教训**他们**的东西——推测的证据，以此来要求他遵从：但是，第一，他们的经验也许太狭隘，或者他们也许没有正确地予以解释。第二，他们对经验的解释也许是正确的，却对他不适合。习俗是为适合习俗的情境和性格而生成的，而他的情境或性格有可能并不适合习俗。第三，假设习俗既好又适合他，但如果他仅仅因为**是**习俗而遵从习俗，那就并不会对他有什么教益，也不会让他作为人特有的秉赋的任何品质有什么发展。人的感知、判断、辨别力、智力活动，甚至道德取舍等等能力，只有在作选择时才得以发挥。而因为是习俗就照着办的人则不作任何选择。他无论在辨别还是在要求最好的东西方面就得不到锻炼。智力和道德的能力也像肌肉的能力一样，经过使用才能得到改进。一个人如果只是因为他人做了一件事而跟着做，那正像只因为他人相信一件事而跟着相信一样，他的能力并未得到锻炼。如果一个观点的依据对于一个人的理性来说并不足以得出结论，而他却采纳了该观点，那么，这不但不能加强反而有可能削弱他的理性：如果导致一个行动的并不是与他本人情感和性格相吻合的东西（在不涉及其他人的喜好或权利的时候），那就会使他的情感和性格趋向惰性和迟钝，而不是积极活跃和精力旺盛。

听任世界或自己所属的那部分世界代替自己选定生活计划的人，除了需要猿猴般的摹仿力以外，就不需要任何其他能力了。自己选定生活计划的人就要运用他的全部能力。他必须运用观察力去看，运用推理力和判断力去预见，运用活动力去搜集作决定用的各种材料，运用辨别力去作决定，在作出决定之后，还要运用毅力和自制力去坚持自己慎思后的决定。他需要和运用的那些品性，恰恰与其行为当中按照自己的判断和情感来决定的部分成比例。有可能的是，没有上面的所有这些东西，他或许也会被引导到某种良好的路线，而避开有害的路径。但是，作为一个人，他的相对价值是什么呢？真正重要的不仅在于人们做了什么，还在于做此事的是什么样的人。

在人正当地用其生命寻求完善和美化的工作成果当中,第一等重要的无疑是人本身。假设有一批人形的自动机械能够盖起房子、种出庄稼、打完仗、审讯案件,甚至建成教堂、念出祈祷文,即使如此,若把一些男人和女人,那些现在居住在世界比较文明的部分,并且无疑只是自然界能够和将要制造的挨饿标本)换成这样的机器人,那仍然是一个可观的损失。人性不是一架机器,不能按照一个模型铸造出来,并且开动它按部就班地去做为它规定好的工作;它毋宁是一棵树,需要按照使它成为活物的内在力量的趋向生长,并在各方面发展起来。

人们很可能会承认:人应当运用其理解力,这是可取的;明智地遵循习俗,甚至偶尔还明智地违反习俗,比盲目地、单纯机械式地附和习俗要好。若说我们的理解应当是我们自己的,这在某种程度上得到了人们的承认;但是,若说我们的欲望和冲动也同样应当是我们自己的,而拥有我们自己任何强度的冲动绝不是什么危险和陷阱,这却是人们不那么愿意承认的了。然而,欲望和冲动就像信仰和约束的地位一样,是完善的人之一部分;强烈的冲动之带有危险性,只是在它未得到恰当平衡的时候,即一组目标和意向已成长为强势力量,而另一些应当与之并存的东西却还弱势、消极的时候。人们的行为恶劣,不是因为他们的欲望强烈,而是因为他们的良心微弱。而强烈的欲望与微弱的良心之间并不存在自然的联系。自然的联系是另一种方式。说某人的欲望和情感比另一人更强烈和多样,那也只是说他具有较多的构成人性的原材料,因而也许就有能力做更多的恶事,但是,当然也有能力做更多的善事。强烈的冲动不过是精力的别名。精力可以导向坏的用途;但是,精力旺盛的性格也总比怠惰冷漠的性格可以做出较多的好事。最富于自然情感的人也总是可以培养出最强烈的教化情感的人。使得个人冲动生意盎然而强大有力的那种强烈的感受性,也正是对美德最炽烈的热爱和最严格的自我节制得以产生的源泉。正是通过对于这一切的培育，社会才既履行其责任、又保护其利益，而不至于因为不知怎样创造英雄，就连创造英雄的材料也抛弃掉了。一个人如果欲望和冲动都是他自己的（这些是他自己本性的表达，由他自己的教化所发展和改变），就被称为有性格。一个人如果欲望和冲动都不是他自己的，就没有性格，正像一架蒸汽机没有性格一样。一个人的冲动除了是他自己的以外，如果还是强烈的，并且受一个强烈的意志控制，那么，他就具有精力充沛的性格。凡是认为不应鼓励展示欲望和冲动个性的人，必定坚持认为社会不需要强有力的禀性（社会中包含许多富有性格的人并不会更好），认为精力的高位一般平均值也是不可取的。

在社会的某些早期阶段，这些力量也许是，而且确曾过多地超越了当时社会所拥有的规约和控制它们的力量。曾有一段时间，自发性和个性的因素过多，社会的原则与之进行了艰苦的斗争。当时面临的困难是如何促使一些身体或心智强健的人服从一些要求他们控制冲动的规则。为了克服这个困难，法律和纪律（比如教皇对皇帝的斗争）主张一种置于整个人之上的权力，要求控制他的全部生活，以便控制他的性格——这是社会当时还未曾找到任何其他充分的给予约束的手段。但是现在，社会已经在很大程度上赢得了对个性的优势；威胁着人性的危险并不是个人的冲动和偏好过多，而是不足。过去，一些在地位或个人禀性上的强者，其激情已习惯地处于违抗法律和命令的状态，因而需要严格地约束起来，使其影响可及的人们能够享有些许安全保障。自此以来，事情已经大大地改变了。在我们的时代，从社会的最高阶级到最低阶级，每个人都如同生活在敌意和可怕的检查制度的目光之下。不仅在涉及他人的事情上，而且在仅关涉自己的事情上，个人或家庭也从不问问自己：什么是我所偏好的？什么适合我的性格和气质？或者，什么会让我身上最好和最崇高的东西得到公平发挥，使之生长繁盛起来？他们只问自己：什么适合我的地位？像我这样地位和经济状况的人通常做什么？或者（更糟的是），地位和状况胜过我的人通常做什么？我不是说，在合乎习俗与适合他们的偏好这两类事情之间，他们选择前者而舍弃后者。其实，除了合乎习俗的事情以外，他们便再无其他意向。这样看来，是心灵自身匍匐在枷锁之下：甚至在人们进行娱乐的事情上，迎合众意也是首先想到的事情；他们喜欢往人群中靠；他们只在常做的事项中进行选择；对趣味的独特性，行为的怪僻性，要像对犯罪一样尽力避免，如此下去，由于不随自己的本性，结果是没有本性可循。他们作为人的能力凋零枯萎了；他们已经没有能力再有什么强烈的愿望或天生的快乐，一般也没有各人自己长成或恰属各人自己的观点或情感。这样的人性条件究竟是可取呢，还是不可取？

从加尔文派的理论看，这是可取的。按照该学说，人的一大罪行就是自我意志。人类力所能及的一切善行都包含在服从之中。你没有选择；你必须这样做，别无他途："只要不是义务，就是罪恶。"因为人性从根本上是败坏的，任何人若不灭绝其自身的本性，就无所谓救赎。在持有这种人生理论的人看来，压碎人的任何功能、能力和感受性都不是罪恶：除了向上帝的意志投降的能力以外，人本来不需要能力；人运用其能力，除了更有效地执行那个假设的意志以外，如果还有任何其他目的，那还不如没有能力为好。这就是加尔文主义的理论；有许多不认为自己是加尔文主义者的人，也以一种温和的形式持有这个理论；其温和性即在于对所断言的上帝意志给予较少禁欲的解释，主张上帝的意志也要让人类满足自己的一些意图，当然不是照他们自己所偏好的方式，而是遵循服从之途，也就是权威指定他们的途径，事情的必要条件既然如此，则对于一切人就都是一样的。

在类似于此的阴险形式之下，当前存在一种强烈的倾向，它朝着这种狭隘的人生理论，朝着它所支持的那类压扁的、收紧的人之性格。毫无疑问,许多人真诚地以为,这样压缩和矮化了的人本是造物主设计来希望他们如此的,正如许多人认为的,树木修剪瘦身或剪成动物形状之后,要比自然赋予的本来面目好看得多。但是,如果任何一个宗教派别相信,人是由一个善的存在者创造出来的,那么,与此信条更加一致的想法就应当是相信这位存在者赋予人类一切能力,是要让它们得到培育和扩展,而不是遭到铲除和消灭;并且相信,他是乐见他所创造的人类步步接近体现在他们身上的理想观念,乐见他们的理解、行动和享受能力的每一次增长的。另有一类不同于加尔文主义的人类美德,即一个关于人性的观念,认为人类之接受其禀性,并不只为遭到否定,而另有其他目的。"异教的自我肯定"正像"基督教的自我否定"一样,都是人类价值的因素之一。* 有一种关于自我发展的希腊理想,柏拉图和基督教的自我控制的理想与此相交织,却并未取代之。做约翰·诺克斯也许比做阿尔西比亚德斯(Alcibiades)要好,而做伯里克利②则比做前两者都好;当然,一个伯里克利(假如我们在一段时光里有过这个人的话),也不会不具备属于约翰·诺克斯的任何优点。

人成为高贵而美丽的沉思之客体,绝不是靠把他们当中一切个性的东西都磨砺得千篇一律,而是靠在他人的权利和利益容许的范围内把个性培养起来、发扬光大;由于这些工作分担了做事者的性

---

* 见斯特林(John Sterling)的论文集。

② 斯特林在其 *Essays and Tales* 一书中,将异教美德与基督教美德进行了比较。密尔这里的观点是,要拥有一个公民甚至是一个政治领导人的美德,没有必要是自我否定的。伯里克利(Pericles of Athens, 前495—前429)以一种政治领导人的杰出生涯把"异教的自我肯定"与其他有关私人生活的古典美德结合了起来。阿尔西比亚德斯(Alcibiades, 逝世于前404)一位拥有很大智慧和政治才能的雅典人,他的计谋和个人野心使得他对其国家负有责任。——译注

格，借助于同一个过程，人类生活也变得丰富、多样、有活力，为高超思想和高尚情操提供更丰富的养料，并且使得民族在很大程度上更加值得个人做它的成员，从而强化了维系每个人与其民族的纽带。随着个性的发展，每个人变得对自己更有价值，因而也能对他人更有价值。他自己的存在有了更加充实的生命，而当单元中有了更多生命时，由单元组成的群体也就生命繁茂。为了防止人性中较强者侵蚀他人的权利，还不能免除必要的压制；但是，即使从人类发展的观点来看，这也是得到足够补偿的。个人因被阻止满足其损害他人的意向而失去的发展手段，也大多以他人发展为代价而得到偿还了。而且，即使对他本人，由于限制了他本性中自私部分的发展，使其本性中社会性部分有可能得到更好的发展，得失也相互充分抵消了。一个人为他人的缘故而受严格的正义规则所约束，这有利于发展以他人利益为自己目标的情感和能力。但是，如果在并不影响他人利益的事情上，只因为他人不悦而受到束缚，那么，除了发展那种可能在抵抗束缚中展示的性格力量以外，就不能发展任何有价值的东西。假如人默许于此，那其整个本性就会阴暗、迟钝起来。要想每人的本性得到公平的发展，重要的是应当允许不同的人过不同的生活。任何一个时代行使这项自由的程度有多大，该时代值得后代关注的程度就有多大。即使是专制主义，只要人的个性在其中还存在，那就还没有产生它的最坏结果；而且，任何压垮个性的制度都是专制主义，无论它叫什么名称，也无论它声称自己执行的是上帝的意志还是人的指令。

前面论述了个性与发展是一回事，只有个性的培养才产生出或者能够产生出良好发展的人，我在此也许可以结束这一论证；关于人的事务的任何条件，已经说到它把人们自身带到更接近他们所能成为的最佳状况，难道还有比这更多或更好的事情可说的吗？关于妨碍好事，难道还有比阻止此事更坏的事情可说的吗？但是，这些考量无疑还不足以说服那些最需要说服的人们;有必要进一步表明,这些进步了的人对于尚未进步的人还有某些益处——向那些不求自由、也不想利用自由之便利的人指出,他们可以由于不加阻碍地允许他人运用自由,而在某些可理解的方式下得到报偿。

因此,首先,我想指出,他们或许有可能从进步了的人们那里学到一些东西。任何人都不会否认,首创性是人类事务中一个有价值的因素。永远需要有一些人不但发现新的真理,并指出曾经的真理在什么时候已不再是真理,而且在人类生活中开创一些新的做法,并树立更开明的行为、更好的趣味和见识的榜样。任何人只要还不相信世界在其一切方式和做法上已达完美状态,就不能完全否认这一点。的确,并不是每个人都能同样导向这种益处的;与整个人类相比,只有很少数的人,其生活试验如被他人采纳,就有可能对既有的做法作出一些改进。但是,这些少数人恰似地上的盐;没有他们,人类生活就会变成死水一潭。不仅靠他们出来倡导前所未有的好事物;而且也靠他们保持已有事物中的生命力。如果没有新事物需要人去做,人类智慧岂不就成为不必要的了?循规蹈矩专做旧事的人为什么竟然会忘掉为何去做,并且做起来像是牛而不像人,这会是一个理由吗?在最好的信条和做法当中,只存在一种向刻板机械性退化的过大的趋势;除非有前后相继的人们以其不断产生的首创性阻止这些信条和做法的依据变得只是传统的,从而让死的东西不会抵制任何真正活的东西之最小的震撼力,那就没有理由说,文明何以不会像在拜占庭帝国那样趋于消亡。的确,有天才的人是,并且大概永远只是极少数;但是,为了有他们,就有必要维护他们得以生长的土壤。天才只能在自由的空气里自由地呼吸。有天才的人,顾名思义(ex vi termini),比任何其他人都具有更多的个性——因而也就更不能在没有伤害性压迫的情况下填入少数模子,那种社会为了免去其成员形成个人性格的麻烦而提供的模子。如果他们因为胆怯而同意硬被塞进其中的一个模子，并让他们在压力之下不能伸展的一切部分都保持不予伸展，那么，社会就不会因为拥有他们的天才而变好多少。如果他们性格强悍，打破了身上的枷锁，那他们就成了社会的下述努力挫败的一个标志，即把他们压低到平庸，以严正的警告指责他们为“野人”、“怪物”以及诸如此类的称呼——很像有人埋怨尼亚加拉河不像荷兰运河那样平稳地流动。

我这样竭力坚持天才的重要性，坚持允许它在思想和实践上自由展示的必要性；我深知在理论上无人会否定这一立场，但是我也深知，在实际上几乎每个人都对此漠不关心。人们觉得，天才如果能使一个人作出一首动人的诗歌或绘出一幅美图，那的确是件好事。但是一说到它的真正意义，即思想和行动上的首创性，虽然无人会说这不是可赞美的东西，可是几乎所有人都从心里认为，没有天才，他们也能做得很好。不幸的是，这一点太自然不过了，以致无人提出质疑。首创性是这样一种东西，无首创性的心智是不能感受到它的益处的。他们不能看到它会为他们做些什么：他们怎会看到呢？假如他们能看到它会为他们做些什么，那它也就不成其为首创性了。首创性必须为他们提供服务的第一件事，是把他们的眼界打开：此事一经充分做成，他们就有机会使自己成为首创性的人。同时回忆一下，天下没有一件事不是由某个人首先做出来的，现存的一切美好事物都是首创性的果实，那就让他们以足够谦恭的态度去相信，仍然还有一些事情需要首创性去完成，并且确实告知他们，自己越少意识到首创性之缺乏，就越需要首创性。

以严肃的真话来说，无论可能宣称，甚至实际给予真实的或假设的精神优越性以怎样的崇敬，整个世界中事物的普遍趋势是使平庸性成为人类当中主导的力量。在古代历史中，在中世纪，在以逐渐减弱的程度从封建社会向现时代过渡的漫长过程中，个人是对其自身的一种力量;如果他拥有极大的才智或崇高的社会地位,他就更是一个可观的力量。如今,个人却淹没在人群之中。在政治上,如果还说公众意见统治着世界,那几乎是多余的废话了。唯一名副其实的力量是群众的力量,还有政府作为表达群众倾向和本能的机关的力量。这一点,在私人生活的道德和社会关系中就像在公众事务中一样是真实的。使自己的观点以公众意见之名而行的人,并非总是同一类公众:在美国,他们是全体白人;在英国,主要是中间阶级。但他们却总是一群,亦即集体的平庸者。还有更大的怪事,群众现在并不从教会或国家的权贵、公认的领袖或书本中获取自己的观点。他们的思考是由一些与他们很相像的人代替他们做出的,这些人凭一时刺激,通过报纸向他们发话,或者以他们的名义发言。我并不是埋怨所有这一切。我也不是主张,作为一般规律,任何较好的事物都可以与目前人心的这种低下状况相容。但是,这并不足以阻止平庸者的统治成为平庸的统治。从来没有一个民主制或多数贵族制的政府,在其政治行动或者所培育的观点、品性和心智情调方面,曾经提升到或能够提升到平庸性之上,除非是在最高统治者方面。许多最高统治者通过具有较高天赋和学识的**一人或数人**的咨询和影响而接受指导(在他们最好的时候总是这样做的)。一切明智或高贵事物的发端总是也必定是出自一些个人;一般首先出自某个人。普通人的荣誉和光荣就在于他能够跟随这个首创;就在于他能够发自内心地对那些明智而高贵的事物作出回应,并且睁大眼睛受其引导。我绝不是在此鼓吹那种"英雄崇拜",即赞扬有天才的强人以强力攫取对世界的统治,让世界不顾自身而只听从他的命令。他所能要求的只是指出道路的自由。至于强迫他人走这条路的权力,就不仅与所有其他人的自由和发展相冲突,而且也使该强者自身腐败。然而,在只是一般人的看法到处成为或正在成为主导力量的今天,对于这种倾向的平衡和纠正之法,看起来就是要那些在思想上立于较高境界的人日益突显其斩钉截铁的个性。正是在这些情境之中,那些突出的个人尤其不应当受到阻止,而应当受到鼓励去做出与群众不同的行动。在其他时候,他们这样做并没有什么优势,除非做得不但与群众不同而且还更好。在今天这个时代,只是不愿苟同的一个榜样,只是拒绝向习俗屈膝服从,这本身就是个贡献。正是由于观点的暴政已达到使怪异性成为谴责的对象,为了打破这种暴政,可取的做法是:人们应该标新立异。凡是性格力量充实的时间和地方,标新立异也充足;一个社会标新立异的数量,一般总与该社会所含有的天才、精神活力和道德勇气的数量成正比。今天敢于标新立异的人如此之少,正是这个时代主要危险的标志。

我在前面说过,重要的是让不合习俗的事物获得尽可能自由的发展空间,以便随时可以显出其中的哪些事物适宜转变成为习俗。但是,行动的独立性和对习俗的漠视之所以值得鼓励,不只是因为它们能够为较好的行动方式和更值得普遍采纳的习俗提供脱颖而出的机会;也不是只有具备明确无误的精神优越性的人们才可以正当地要求按照自己的方式过自己的生活。没有理由要求人类的一切存在都应当按照某一种或少数几种模型建造出来。如果一个人拥有在数量上还算可以的常识和经验,那他规划自身存在的方式就是最好的,这不是因为这方式本身为最佳,而是因为这是他自己的方式。人不像羊一样;即便是羊,也不是个个相同到相互分辨不出来。一个人除非量了自己的尺寸定做,或者有满满一堆的货物供他挑选,否则就不能得到一件合身的外套或一双合脚的鞋子;是让他适合一种生活方式比给他一件合适的外套更容易呢,还是人们彼此在整个生理和精神构造上的相似性比在脚形上的相似性还要大?只需提到人们具有多种多样的口味,就足以构成不要试图用一个模子来塑造他们的理由了。但是,不同的人还需要发展精神的不同条件;不同的人不能健康地生存于同样的道德氛围和气候之中,并不亚于各种各样的植物不能健康地生存于同样特质的空气和气候之中。帮助某个人培养较高禀性的同一些事物,对于另一人却是障碍。同一种生活方式,对于某个人是一种健康的刺激,使其行动和享受的一切能力得到最佳应用,对于另一人则是一种心烦意乱的负担,这会中止或粉碎一切内心生活。人们在快乐的来源、痛苦的感受性,以及在不同的身体和道德的行为对于他们的作用上,都存在如此多样的差别,以致除非在他们的生活方式上也有相应的差别,否则他们就既不能获得快乐的公平份额,也不能在精神、道德和审美方面成长到他们的本性所能达到的高度。如此看来,就公众情感所及,难道宽容还应当只是扩展到那些由众多拥护者强迫他人默认的旨趣和生活方式上吗?当然,没有哪个地方(除了某些修道院以外)会完全不承认旨趣的多样性;一个人可以不受责难地爱好或者不爱好划船、抽烟、音乐、体育运动、下棋、打牌或学习,因为爱好和不爱好这些事情的人都为数众多,以致无法制止哪一方。但是,有些男男女女,可能被指控做了“无人会做的事情”或者是不做“人人都做的事情”,仍然是众人贬议的话题,好像他或她犯了某种道德上的严重过错一样,若是女人似乎就更严重。人们需要拥有一个头衔或其他某种关于地位或有关地位想法的徽章,以便能够略微放肆一点,享受做自己想做的事情的奢侈而不致损害对自己的评价。对于略微放肆,我重复说一遍:因为不论何人只要允许自己有这样的放肆,就要遭致比贬损的讲话更严重的危险——他们竟处于这样的危险之中,即被判定为精神错乱(de lunatico)的行为,从而被剥夺财产并交付给他们的亲属。*

* 近年来,任何人都可被法庭裁定为不适合管理自己的事务,以及对他死后财产的处置权,只要从这些财产当中付得出课于财产本身的诉讼费用即可,在这种案件上

当前公众舆论的方向有一个特征,特别容易让它不能宽容个性的任何显著表现。人类中一般的中等人士不仅在智力上是平庸的,而且在意向上也是平庸的;他们没有足够强烈的旨趣或愿望来使之倾向于做不同寻常的事情,因而也不能理解有如此旨趣愿望的人,便把这些人划入狂野不驯、不懂节制的一类人,这类人又是他们一向鄙视的。于是,除了这个普遍的事实之外,我们只需再设想加进来一个朝着向道德改善的强大运动,这显然是我们所必须期许的。在近些日子里,这样一个运动果然加入了进来;在加强行为规则性,阻止行为过度的路径中实际产生了众多效果;到处都弥漫着一种博爱的精神,为了实现此精神,自然没有比改进我们同胞的道德和慎思这件事更能吸引人的了。恰恰是时代的这些趋势,让公众比以前大多数时期更倾向于规定普遍的行为规则,并竭力让每个人都符合所承认的标准。而这个标准无论是明示的还是默认的,都要求对任何事物不要存有强烈的欲望。其性格理想就是没有任何突出的性格,像中国

提供证据的情况是既可鄙又可怕的。对他日常生活中的一切微末细节都要加以探查,通过低下者中最低的感知和描述官能这一中介来看,只要找到任何一点与绝对陈旧老套不尽相像的现象,就提到陪审员面前作为精神错乱的证据,而且往往有效;陪审员们低级庸俗的程度只比证人好一点点(如果还有一点差别的话),而法官又因异常缺乏关于人性和人生的知识(这种无知至今在英国法律人士中仍继续使我们惊异),而往往帮助着误导他们。这些审判连篇累牍地陈述着俗人们关于人类自由的看法和情感的状态。法官和陪审员们完全不知道个性有何价值,完全不尊重每个人在那些无关宏旨的事情上按照看起来有利于自己的判断和意向而行动的权利,竟然不能设想一个人在精神健全的状态下会想望这种自由。在往日,当人们主张烧死无神论者的时候,博爱人士常常提议不如把他们放进疯人院;如今不足为怪的是,我们如果看到所做出的上述这种事情,而做事者还以没有进行宗教迫害却采取了这样人道和基督教的方式来对付这些不幸的人们而沾沾自喜,并在不言之中又以他们由此而受到应得的惩罚而感到满足。

女性的裹脚一样，用压束的方法致残人性中每一个突显特立，使得此人在轮廓上明显不同于平庸禀性的部分。

正如通常情况所示，理想把一半可取事物都排除掉了，而现在的奖励标准又只造成对其另一半的拙劣模仿。其结果，出现的不是在强有力的理性指导下的旺盛精力，不是良知意志强力控制下的强烈情感，而是脆弱的情感和虚弱的精力，这当然就能在外表上维持对规则的遵从，而不存在意志或理性的力量。在任何大尺度上已经是精力旺盛的人，正在变得因循守旧。在我们这个国家，如今精力在工商业以外就没有什么出路。花费在工商业上的精力也许还可以说是相当可观的。这样使用之后还剩下的一点精力，就花费在某种业余爱好上，这可以是有益的，甚至是一种博爱的癖好，但却总是某一件事，通常还不是什么大事。英国的伟大现在全在于集体：说到个人就总是渺小的，我们显得有能力做伟大的事情，也只是靠我们联合的习惯；而这正是我们的道德和宗教的博爱主义者感到完全满足的。然而，恰恰是另一类气质的人而不是此类人造就了曾经的英国；现在也需要另一类气质的人来阻止英国的没落。

在任何地方，习俗的专制对于人的进步都是一种持续的障碍，因为它总是与志在实现某种超过习惯之事物的倾向相冲突，而这种倾向（依情境而异）被称作自由的精神，或者叫作进步或改进的精神。改进的精神并不总等同于自由的精神，因为它有可能试图将改进举措强加于勉为其难的民众；而自由的精神由于抵制此类企图，也许会跟反改进人士局部地、暂时地联合起来；但是，改进之唯一可靠而永久的源泉就是自由，因为有了自由，就会出现有多少个人就有多少可能的独立改进中心这样的情况。然而，进步原则，不论是以爱好自由还是以爱好改进的形式出现，就总是与习俗的支配处于对抗地位，包括从此枷锁中解脱出来；这两者之间的竞争就构成了人类历史中的主要关注点。恰当地说,世界之大部分并无历史,因为习俗的专制是彻头彻尾的。整个东方的情况就是如此。在那里,习俗是一切事情之最后诉求;公正和正当就意味着遵从习俗;以习俗为论据,就不会有人还想去抵制,除非是沉湎于权力的暴君。我们看到其结果了。那些民族必定曾有过首创性;他们也不是一开始就居于一片人口众多、富有文化又擅长于各种生活艺术的土地上的;所有这些都是他们自己创造的,在当时就成了世界上最伟大、最有势力的民族。那他们现在又怎样了呢?他们成了另一些部族的臣民或附庸了,而当他们的祖先早已拥有金碧辉煌的宫殿和华丽无比的寺庙时,这些部族的祖先还在山林之中游荡,但习俗对于这些部族的人们只施行了局部的统治,与习俗分享统治的还有自由和进步。如此看来,一个民族也许会在某个长时期里是进步的,随后就停止了:它什么时候停止的呢?在不再拥有个性的时候。假如类似的变化降临到欧洲的各个民族,那就不会是同样的态势:这些民族所遭受威胁的习俗之专制恰恰不是静止状态的。它禁止独树一帜,但不阻止变化,只要大家都变化。我们抛弃了我们祖先的固定服装;每个人还必须穿得和别人一样,但其式样却可以一年有一两次变化。我们由此注意到,如是有变化,那也应该是为了变化而变化,而不是出于任何美观或便利的理念;因为同一种美观或便利的理念不会在同一时刻打动全世界所有人,而又在另一时刻被全世界所有人一块抛弃。然而,我们是既能进步又能变化的:我们在机械的事物上不断做出新发明,并将之保持到又被更好的发明所取代;我们在政治、教育,甚至在道德方面也急于进行改进,尽管在道德上我们的改进理念主要在于劝说或强迫他人像我们自己一样良善。我们所反对的不是进步;相反,我们还夸耀自己是有史以来最进步的民族。个性才是我们所竭力反对的:如果我们已使自己成为千人一面,那我们才会认为自己建了盖世之功,而忘记了一个人与另一人不一样,通常才是最先吸引双方注意的事情,使双方注意到自己这一类型的不完善，又注意到对方那一类型的优越性，或者还有结合两者的优点而产生比两者都好的事物的可能性。我们有中国这个前车之鉴。中华民族富有才能，在某些方面甚至也富有智慧，由于遇到了难得的幸运，在早期就配备了一套特别好的习俗，这是一些人的杰作，在某种程度上，即使是最开明的欧洲人也必须（在一定的限制条件下）尊称其为圣人和贤哲。他们之不同寻常还表现在他们有绝佳的办法，来把他们所拥有的最佳智慧深深印在社会的每一个心灵中，并且确保那些拥有此智慧最多的人占据有荣誉和权力的职位。做到这一点的人民无疑已经发现了人类进步的奥秘，必已牢牢地站在世界运动的前列。恰恰相反，他们已经变成静止不动的了，维持现状达数千年之久；如果说他们还会有所改进，那必定是外人做的。他们在我们英国慈善家们正在如此辛勤劳作的方面已经大获成功，超乎人们的期望，这就是使一个民族人人都雷同，以同样的格言和规则来管制他们的思想和行为；而这就是成果。现代公众舆论的统治体制（régime）实在就相当于中国的教育和政治体制，不过前者以无组织的形式，后者则以有组织的形式出现罢了；除非个性能够成功地针对这种束缚来肯定自身，否则欧洲即使有高贵的先人和宣奉的基督教，也将趋向于变成另外一个中国。

是什么保持了欧洲至今仍未落入这个命运呢？是什么使得欧洲各国组成的大家庭成为人类的一个不断改进的部分，而不是停滞的部分呢？不是这些民族之中存在什么优越的美德（即使存在，也是作为结果而不是原因存在的），而是他们性格和文化上的显著差异。个人、阶级、民族之间，彼此都极不相像：他们闯出了丰富多样的道路，每条路都导向某种有价值的东西；虽然在每个时期，行进在不同道路上的人们都曾相互不宽容，每人都盘算，如能强迫其他所有人都走自己的道路，那就再好不过了，可是，他们相互阻止发展的努力很少取得长久的成功，每人都及时地克制自己去接受他人提供的好处。按照我的判断，欧洲能有进步的、多方面的发展，完全得益于这种道路的多元性。但是，它已开始在相当小的程度上享受这种好处。它正断然地朝向那种使一切人都一个样的中国理想进发。托克维尔在其最后一部重要著作①中评论道，今天的法国人甚至比前一代的法国人都要彼此相像得多。同样的评论也许可以在大得多的程度上适合于英国人。在前面引用过的洪堡的一段文字中，他指出了作为人类发展的必要条件（因为有必要使人们彼此相异）的两样东西：自由与情境的多样化。这两个条件中的第二个，在我们这个国家正在日益减弱。环绕着不同的阶级和个人，并塑造其性格的各种情境，正在日益趋于同一。从前，可以说是不同的位阶、不同的邻里、不同的行业和职业生活在不同的世界；而现在，则是在很大程度上生活在相同的世界。比较而言，他们现在读相同的东西，听相同的东西，看相同的东西，去相同的地方，所持希望和恐惧也指向相同的对象，拥有相同的权利和自由，以及主张这些权利的相同的手段。仍然保留的地位上的差别尽管还是够大的，但与已经消失的东西相比，就算不上什么了。而同化仍在进行之中。这个时代的一切政治变化都在促成同化，因为所有这些变化都趋向于把低的提高、把高的降低。教育的每次扩大都在促成同化，因为它把人们置于共同的影响之下，并让人们获得通向普遍事实和情感库的手段。交通工具的改善也在促成同化，其方式是让相距遥远的居住者密切接触，同时又引起从一地到另一地居住变化的迅速流动。商业和制造业的增长也在促成同化，其方式是更广泛地传播舒适环境的优点，让雄心欲望的一切目标，甚至最高的目标都向普遍竞争开放，从而使得向上流动的欲望就不再只

① 这里指的是托克维尔的《旧制度与大革命》，他在该书中分析了大革命前的法国社会。——译注

是一个特定阶级的品格，而成了一切阶级的品格。在促成人类普遍同化方面，还有一个甚至比所有这些都更强有力的机制，这就是公众舆论在我国和其他自由的国家已经在政权中确立了完全的优势。当使得人们能够挖掘壕沟来保护自身而无视大众观点的各种社会高台渐渐被铲平的时候，当抵制公众意志的理念（当肯定知道公众有其意志时）日益从务实的政治家头脑中消失的时候，也就不再有任何社会力量支持不遵循传统规则的做法了——任何实质性的其自身反对数量上的优势的社会力量，关心对那些不同于公众的观点和倾向的保护，已不复存在了。

上述所有原因结合在一起，形成了如此巨大的敌视个性的势力，以致不容易看出个性如何还能保住其领地。个性保住领地将面临越来越大的困难，除非我们能够使得公众中明智的部分感到个性的价值——看到存在差异是有益的，即使不会因为差异而更好，甚至在他们看来也许有时还会坏一些。如果说对个性的主张还要维护的话，那现在正当其时，目前正值强制的同化还远未完成之际。只有在较早阶段，对侵蚀所作的任何抵抗才能成功。使得其他所有人都像我们自己，这一要求是靠维护它营养的东西来养大的。如果等到生活已几乎降低到一个统一的类型之后再进行抵制，则一切偏离此类型的生活就将被认为是不敬神、不道德，甚至是恐怖的、违反人性的了。人在一段时间不习惯于看到多样性以后，很快就会变得连多样性的想法都荡然无存了。

第四章　论社会对于个人的权威之限度

如此说来，个人对自身的主权的正当限制是什么？社会的权威始于何处？人类生活中有多少应当划归个性，有多少应当划归社会？

每个人如果都有更特别地关涉个性的东西，那就将各得到其应得的恰当份额。生活中主要涉及个人的那部分应当归属个性，主要涉及社会的那部分应当归属社会。

尽管社会并非建立在契约之上，尽管发明一种契约以便从中演绎出社会义务的做法也不会实现什么良好的目的，但是，受到社会保护的每个人，由于所受的惠益而需要给予社会一种报偿，生活在社会中的事实便必不可少地要求每个人必须遵守对其他人的某种行为准则。这种行为的构成，首先是不损害各自的利益，或者毋宁说不损害法律明文规定或默认理解中应当认作权利的某些利益；其次是每人在保护社会或其成员免遭损害和阻碍而付出的劳动和牺牲中承担自己的份额（以某种公平原则予以规定）。这些条件是社会有正当理由以一切代价去强制那些竭力拒绝履行的人必须予以履行的。社会可以做的事情还不止于此。个人的行动有可能伤害他人，或者未给予他人的福祉应有的考量，但又未达到侵犯其任何既得权利的程度。这时，尽管不是通过法律来惩罚，也应正当地通过舆论来惩罚侵害者。一旦个人行为的任何部分有害地影响到他人的利益，社会对它就有了裁判之权,至于是否由于对此的干涉而增进了普遍福祉,则成了公开讨论的话题。但是,当一个人的行为并不影响除自己以外的任何人的利益时,或者当只要他们愿意就不必影响他们时(这里所说的所有相关者指的是成年并具有通常理解力的人),那就没有接纳任何此类问题的余地。在所有此类事情上,每个人应当拥有采取该行动并承担其后果的完全的自由,无论是法律的还是社会的自由。

如果以为这一学说是一种自私自利、冷漠的学说,妄称人们在生活中的老死不相往来,妄称人除非涉及自己的利益就不应关心相互间的善事或福祉,那将是极大的误解。需要的是大大增进而不是减少无私利地致力于促进他人福利的善举。但是,无私利的善举可以找到其他的手段来劝说人们促进这种善,而不必使用鞭子或板子(无论是指这些词的本义还是比喻义)。我是最后一个低估个人美德的人;这些美德在重要性上仅次于(假如还能说是次于)社会美德。培育这两者,都同为教育的任务。然而,即使是教育,也是借助于信服和劝说,加上强迫的方法来实现的,而且当受教育时期已过,那就只能依靠劝说来教诲关涉个人的美德了。人们彼此之间应当相互帮助去辨别好坏,相互鼓励去趋善而避恶。他们还应当一直相互鼓励,日益增强其高级能力之运用,使其情感日益指向明智的而非愚蠢的,提升的而非堕落的目标和计划。但是,不论是一人,还是任何数量的人,都无正当理由对另一个成年人说,他不可为了自己的益处用其一生去做某件他为此而选定的事情。对于一个人的福祉,其本人关切最深:除在一些带有强烈私人联系的事情以外,任何他人对于他的福祉所能给予的关切,与他自己怀有的关切相比,都是微不足道的;社会给予他个人的关切(除了给予他对他人的行为以外)总是局部的,而且完全是间接的,至于其本人的情感和情境,最普通的男人或女人也都有自身的认识手段,不知比任何他人所能拥有的手段强上多少倍。社会在个人只关涉自己的事情上强行干涉他去推翻其自身的判断和目标，这种干涉就只能是以普遍的臆想为依据，而这些臆想可能是完全错误的，即使是对的，那恐怕还是不该由一些对个案的具体情境只有皮毛认识的人错误地应用于这些个案，这些人比只从想象中看待这些个案情境的人好不了多少。因此，在这一类别的人的事务中，个性有其合适的活动空间。在人们彼此之间采取的行动中，有必要在极大程度上遵从普遍规则，以便人们可以知道自己必须期待什么；但是，在每人自己关切的事务中，他就有权自由地运用其个人的自发性。有助于他作出判断的所有考量，增强其意志力的劝告，可以由别人提供给他，甚至强加于他；但是，他本人是最后的裁判。一个人因不听劝诫和警告而可能犯的一切错误，与容许他人强迫他做他们认为对他有好处的事情这一祸害相权衡，那后者比前者要严重许多。

我并不是说，他人对一个人的观感无论如何也不应受到其个人的品性或缺陷所影响。这既不可能、也不可取。他若在促成自身益处的品性上有任何突出之处，那他在这一点上就是一个恰当的赞美对象。他也更加接近于理想的完美人性。如果他在这些品性方面有重大缺陷，那么一种与赞美相反的情绪就会随之而来。一个人有可能表现出某种程度的愚蠢以及某种程度的所谓趣味的低俗和堕落（尽管这一提法并非不会遭人反对），这尽管不能成为别人伤害他的正当理由，但却使他必然地、理所当然地成为别人厌恶的对象，甚至在极端的情况下还成为蔑视的对象：一个具有相当强的相反品性的人是不会没有此感想的。一个人虽未对任何人做过错事，他的行为也可能让我们不得不判定并感觉到他是一个傻子或劣等人物；由于这个判断和感觉是他希望避免的事情，则事先警告他不要造成他容易遭受的其他不可接受的后果，那也可算是给他提供了帮助。如果这种有益的帮助做得比现在通常的礼貌观念所能允许的自由了许多,如果一个人能真诚地向另一人指出他觉得对方有错,而不致被认为无礼或冒犯,那的确是好事。我们还有权以各种方式对任何人让我们无法苟同的观点作出反应,同时不致压抑他的个性,却能发挥我们的个性。例如,我们不必与他结为一群;我们有权避免与他结群(尽管不必炫耀这种躲避),因为我们有权选择我们最能接受的社群。如果我们认为他人的榜样或谈话有可能对他所交往的人产生有害的后果,那我们也有权利(也许还是我们的责任)去警示他。我们也可以优先选择别人而不是他来接受那些可选的有益帮助,那些倾向于帮助他改善的帮助除外。在这些不同的方式中,一个人可以因为某些只直接关涉他自己的缺陷而遭到出自他人之手的十分严厉的惩罚;但是,他受到这些惩罚,只是由于惩罚是这些缺陷本身自然的、也可说是自发的结果,而不是因为只为了惩罚才故意施加于他。一个人表现出鲁莽、固执、自负——不能在一般的条件下生活;不能约束自己摆脱有害的放纵;追求动物性的快感而牺牲情感和智慧上的快乐——这样的人必定可预期在别人的眼光中是低下的,也较少得到别人赞许的同情;而他对此是没有权利抱怨的,除非他以社会关系上的特殊优点赢得他们的好感,从而不受其自身缺点的影响,博得他们有益帮助的资格。

我在此论争的是,一个人如果只在涉及自己的利益而不影响与自己相关的他人的利益的那部分行为和性格上遭到他人不可取的判断,那他应当为此承担的唯一后果就是与该判断密切关联的一些不便。至于对他人造成伤害的行为,就需要予以完全不同的对待。侵害他人的权利;使他人遭致损失或损害,也找不出他自己权利上的正当理由;以虚伪或两面手法对付他人;不公平或心胸狭窄地利用优势来欺凌别人;甚至自私地拒绝保护他人免受损害——所有这些都是道德谴责的恰当对象,在严重情况下也是道德报复和惩罚的对象。严格说来,不光是这些行为,而且导致这些行为的意向也是不道德的，该意向恰恰是人们予以非难，有可能变成憎恶的对象。残忍的意向；犯罪预谋和恶毒的本性；所有情绪中最反社会和最惹人憎恶者，即妒忌；虚伪和不诚实，无足够理由便轻易暴怒，与所受的挑激不相称的愤懑；喜欢骑在别人头上；多占额外便宜的欲望（希腊人叫做“贪婪”，πλεοεξια）；借压低别人聊以自满的傲慢；认为自我和自我所关注的东西比一切都重要，专以对己有利来决定一切可疑问题的唯我主义——所有这一切都是道德之恶，构成了一种恶劣而可憎的道德品质。这与前面所列举的那些只关注自身的缺点不一样，因为严格说来，那些缺点还不能算是不道德，不论达到怎样的程度也不会构成道德之恶。可以把它们归入某种程度的愚蠢或缺乏个人尊严和自重的证据，但是，它们只在涉及对他人责任的背弃（个人为他人之故而必定会关照自己）时，才成为道德谴责的对象。所谓对我们自己的责任，除非情境使得它同时也成为对他人的责任，就不是对社会负有义务的。对自己的责任这个短语，如果说在审慎之外还有更多的含义，那就意指自尊或自我发展，任何人都不必为这些方面而向其同胞们负责，因为它们都不是为了人类的益处而必须向同胞们负责的事情。

一个人因审慎或个人尊严上的缺失而可能理所当然地招致他人观感上的损失，与因侵害他人的权利而应遭受的谴责，这两者之间并不只是名义上的区别。他是在我们觉得自己有权控制他的事情上，还是在我们觉得自己无权控制他的事情上让我们不悦，这在我们的情感上、在我们对待他的行为上都有极大的差别。如果他让我们不悦，我们可以表示自己的厌恶，我们可以远远避开一个人，同时也远远避开一件让我们不快的事情；但是，我们却不会因此而感受到召唤要使他活得不快活。我们会反思，他已经或将要为他的过失接受全部惩罚；如果因为他自己处理不当而毁坏了他的生活，那我们不会因此而要进一步去破坏它；我们不会希望再惩罚他，而是通过向他明示他如何能避免或弥补其行为给他造成的祸害来竭力减轻他的惩罚。

在我们面前,他可能是悯怜的对象,也许是讨厌的对象,但不是愤怒或怨恨的对象;我们不会把他当作社会的一个敌人;如果我们不想通过表明他的利益或利害关系所在来好意地进行干涉,那我们将感到自己有正当理由对他做的最坏的事情也就是随他自己的便。如果他违反了无论从个人还是从集体来看都是保护其同胞所必需的规则,那就完全是另外一回事了。到那时,他行为的恶劣后果就不是落在他自己头上,而是落在别人头上;而社会作为其全体成员的保护者,就必须对他实施报复,必须为了明显的惩罚目的而给他造成痛苦,还必须关注惩罚得足够严厉。在此情况下,他是我们法庭上的罪犯,我们不仅受命坐下来审判他,而且还要以这种或那种方式执行我们自己作出的判决;而在其他情况下,我们就没有责任对他施以任何痛苦,其例外是我们在行使自己享有、也是他所享有的管理自己事务的自由权时偶尔会造成他的痛苦。

有许多人会拒绝承认这里指出的一个人生活中只关涉自己的部分与关涉他人的部分之间的区分。(人们也许会问)社会中一个成员行为的任何部分,怎能成为其他成员所漠不关心的事呢?谁都不是完全孤立的存在;一个人如果做了任何严重地或永久地有害于自己的事情,其危害至少可能伤及其亲朋好友,往往还远远超出这些人的范围。他如果破坏了自己的财物,那就伤害了那些直接或间接依靠此财物之助的人,通常也会在大小不等的规模数量上减少群体的总资源。他如果毁坏了自己肉体或精神的能力,那就不仅给所有依靠他来获取任何一部分快乐的人造成祸害,而且也使自己没有资格为同胞们提供通常应该付出的服务,或许还成为他们好感或仁爱心上的一个负担;这种行为如果十分频繁地发生,则要比所犯的任何罪行都更多地减少善的总量。最后,即使一个人的恶意或愚蠢并未直接伤及他人,他的示范作用也可以说是有害的;一些人看到或了解他的行为就会有样学样或步入歧途,仅为这些人着想,也应当强迫他去控制自己。

即使不正当行为的后果可以局限于坏心恶意或非慎思的个人，(人们还会进一步问道)难道社会就该听任那些显然不适合指导自己的人随心所欲地行动吗？既然人们承认对于儿童和未成年人应当给予违背他们意愿的保护，那么，对于那些虽到成熟年龄却同样无能力管理自己的人，社会难道不该给予这种保护吗？如果说赌博、酗酒、随处便溺、游手好闲或不讲卫生等等，是像法律所禁止的许多或大多数行为一样有害于幸福，在很大程度上妨碍进步的，那么，(人们也许要问)法律只要能够符合实际可行和社会便利这两项要求，为什么不该竭力取缔这些恶行呢？作为对法律难免的缺失之补充，舆论难道不应当至少组织起一支强大的警察队伍来反对这些恶行，并对已知犯有这些恶行的人严格地施加社会惩罚吗？(人们会说)这里并不存在束缚个性或妨碍对生活中新颖和首创的实验进行尝试的问题。这里寻求阻止的只是从世界开端到今天为止已经尝试并谴责过的一些事情——经验已经表明这些事情对任何人的个性没有好处，也并不符合人的个性。必须在经过一段时间和积累起一定数量的经验以后，才可以认为一种道德或慎思的真理得到了确立；而人们所要求的只是防止一代又一代后来之人在他们的前人失足致命的同一个悬崖边再跌落下去。

我完全承认，一个人对自己所遭致的祸害会通过亲近自己之人的同情或利益攸关而严重地影响他们，也会在较小程度上普遍地影响社会。当一个人由于这种行为而背弃了他对别人明确的、可落实到位的义务时，这种情况就不再属于只关涉自己的那一类事情了，而有责任面对道德上的非难(指这个词的本来意义)。举例说，假如一个人由于不知节制或挥霍浪费而无法偿还债务，或者已承担家庭的道德责任却因为同样的原因而无法赡养或教育其家庭成员，那么，他当然应该受到谴责,也许还可以正当地施加惩罚;但是,这里的缘由是他背弃了对家庭或债主的责任,而不在他的挥霍。如果这笔原本应当用于他们的资源被挪用于一项最审慎的投资,则其道德上的过错仍然是一样的。乔治·巴恩韦尔(George Barnwell)[①]为了送钱给情妇而谋杀了自己的叔叔,但是,假如他为了在商界出人头地而干此事,他也同样会被判处绞刑。再举一例,一个人往往因沉湎于不良嗜好而引起全家痛苦不堪,他当然应该为自己的冷酷无情或忘恩负义而遭受指责;然而,即使他是在培养某些本身并不恶的习惯,假如这些习惯引起与他共同生活的人,或因人身联系而依靠他以享安乐之人的痛苦,那他也同样可能受到谴责。任何人如果既非迫于某些更加紧迫的责任,在自我偏好方面又没有能够成立的正当理由,而竟不考虑他人一般应当拥有的利益旨趣和情感,那他必定要成为道德非难的对象,但这只是由于他的考虑欠妥这一点,而不是由于导致考虑欠妥的原因,更不是由于那些只属于他私人的,有可能是导致失虑的遥远诱因的过错。同样的道理,当一个人由于纯属自身的行为而毁坏了自己履行对公众某种明确责任的能力,那他就犯了冒犯社会之罪。无人应当仅为喝醉了酒而受罚;但是一名士兵或警察却应当为在执行任务时喝醉了酒而受惩处。总之,只要存在对个人或公众的明确的损害或明确损害的危险,事情就超出了自由的范围,而属于道德或法律的范畴了。

但是,如果一个人的行为既未违背对公众的任何具体职责,也未对自己以外的任何确定的个人造成什么可察觉的损伤,而此行为所遭致的对社会的损害只是偶然的、或者可以说是建设性的损害,那

---

① 《伦敦商人》,又名《乔治·巴恩韦尔的历史》,是乔治·利洛(George Lillo)写的一部情节剧。——译注

么,这一点不便就是社会为了人类自由的更大利益而能够承受的。假如成年人应该因为不能恰当地照管自己而受惩罚,那我宁肯说这是为了他们自己的缘故,而不愿找个借口说这是为了阻止他们毁坏自己的能力或使之不能对社会带来益处,而这些益处是社会并未妄称自己有权强求的。但是,我也不能同意论证这样一点,仿佛社会除了等待其弱势成员做出什么不合理的事,然后为此而施加法律或道德的惩罚以外,就没有什么办法把他们提升到合理行为的普通标准。社会在人们存在的早期,一直拥有对他们的绝对权力;人具有儿童和未成年的完整生存阶段,社会在此时期可以尝试看能否使他们拥有在生活中做出合理行为的能力。现在的一代是未来一代的训练和全部环境的主导者;的确,这一代不能使下一代变得十分聪明而良善,因为这一代自己正是如此可悲地在良善和智慧上存在缺陷;而它的最大努力在个人事态上也不是最成功的;但是,这一代还完全能够使成长中的一代作为一个整体变得跟它自己一样好,甚至比它自己还略好一些。如果社会让其相当数量的成员长成之后仍然是些孩子,没有能力接受遥远动机的合理考量所发挥的影响力,那么,社会本身就要因为这些后果而受到责备。社会不仅由一切教育势力所武装,而且还由公认观点的权威所形成的优势力量所武装,这种权威总是施加于那些最不适合为自己作判断的人,并且以**自然**惩罚为后盾,了解他们的人厌恶或鄙视这些弱者,使之无法避免遭受这些自然惩罚;让社会别再妄称在所有这些之外,还需要在只关涉个人的事情上有发号施令并强迫人们服从的权力吧,在这些事情上,在正义和政策的一切原则上,总应当由承当后果的个人自己来作出决定。而且,没有比凭借坏方法更容易把影响行为的好方法也弄得失去信誉和作用的了。如果在被迫变得审慎或有节制的人们当中,存在形成其强健有力和独立精神品格的任何材料,那他们就肯定会反抗这种束缚。这样的人绝不会认为他人在关涉他自己的事情上有权利控制他,正像他们有权利阻止他在关涉他们自己的事情上损害他们一样;而且这样的人很容易认为这是有精神和勇气的表现,在这种篡得的权威面前招摇,以炫耀的夸示做出与它的命令正好相反的事情,就像在查尔斯二世(Charles II)时代,在紧随清教徒狂热的道德不宽容之后而出现的粗俗风尚那样。至于所谓有必要保护社会免受那些邪恶或放纵的人给他人树立的坏榜样,的确,坏榜样有可能产生毒害作用,尤其是对他人做了坏事却免受惩罚的人所树立的坏榜样。但是,我们现在所说的是那种并没有对他人做坏事却大大有害于自己的行为:我看不出相信此事的人,除了认为这个例子整个说来必定是利大于害以外,怎么还能有其他的想法,因为此事如果表现出错误的行为,那也就同时表现出痛苦的或败坏名声的后果,如果正当地谴责此行为,那就必须假定在所有或大多数情况下,这样的后果都会伴随而来。

在反对公众干涉纯粹私人行为的一切论据当中,最有力的一点就是,如果干涉真的发生,那很可能是作了错误的干涉,干涉错了地方。在社会道德的问题上,在对他人义务的问题上,公众的观点,亦即主导的多数之观点,尽管常常出错,但可能更多地是对的,因为在这类问题上,只需要他们对自己的利益作出判断,判断某种行为方式如果任其实施,将怎样影响到他们自身。然而,在只关涉个人自身行为的问题上,把一个同样是多数人的意见作为法律强加于少数人,则其是对是错,大概各占一半,因为在此类事情上,公众的观点至多也不过是一些人对他人善恶祸福的看法,甚至往往连这一点都达不到——公众以彻头彻尾的冷漠忽视他们所非难之对象的快乐或便利,而只考虑他们自己的偏好抉择。许多人把自己所厌恶的任何行为都看成是对自己的伤害,把它当作对自己情感的一种施暴来痛恨;人们常看到,一名宗教狂热分子在被指责为无视他人的宗教情感时,会反唇相讥:坚持自己可恶的崇拜或信条而无视他的宗教情感的,正是他们自己。但是,在一个人对自己观点的情感与另一人因他持有这一观点而觉得被冒犯的情感之间,并无等同之处,正像盗贼想窃取钱袋与物主想保持该钱袋这两种欲望之间也无等同点一样。一个人的旨趣像他自己的观点或钱袋一样,同样是他个人特别关注的事情。任何人都不难想象出一个理想的公众,这个公众在一切未定的事情上一概不问个人的自由和选择,而只要求他们避免普遍经验所禁止的行为方式。但是,何处曾见过公众在其检查制度中划出了这样一条界线?公众在何时费神操心过普遍经验呢?实际上,公众在干涉私人行为时很少想到任何事情,而只是想到不像它那样行动或感觉会是如何罪孽深重;这个判断标准稍加妆点,就由百分之九十的道学家和思辨作家当作宗教和哲学的诏令而加诸人类。他们教导说,事情是正当的,乃是因为它们是正当的;因为我们感到它们是这样的。他们告诉我们说,要在我们自己的头脑和心灵中搜寻约束我们自己和所有其他人的行为准则。那么,可怜的公众除了把这些教诲加以应用,把他们自己个人的善恶感(假如他们在这些方面是相当一致的话)当作适用于整个世界的义务性的东西以外,还能做什么呢?

这里指出的祸害并不是只存在于理论中的;也许有人会指望我在此特别举出一些例子,来说明这个时代和这个国家的公众如何不适当地给自己的偏爱强加上道德准则的性质。我这里并不是在写一篇关于现有道德情感反常的文章;这是一个分量太重的题目,显然不能以插句说明和举例论证的方式来进行讨论。但是,为了表明我所坚持的原则确实具有严肃的实际的重要性,而我也不是在努力设置一个针对假想灾祸的障碍,还是有必要举些实例。不难以丰富的例子来显示,把所谓道德警察的界限一直扩展到对个人毫无疑义的合法自由的侵犯为止,这是人类最普遍的倾向之一。

作为第一个例子,考虑一下人们在看到那些持有与自己不同的宗教观的人,不践行自己的宗教仪式,特别是不遵守自己的宗教戒律时的反感。举一个相当琐细的例子,在基督徒的信条或实践中足以招惹穆斯林愤慨的,莫过于吃猪肉这个事实。穆斯林对待这种解饿的特定方式之不予掩饰地厌恶,其程度在基督徒和欧洲人对某种行为的厌恶中少有。首先,这当然是对他们的宗教的冒犯;但这一情况绝不足以解释他们这种厌恶的程度或类型;因为酒也是他们的宗教所禁止的,参与饮酒会被全体穆斯林视为错误,但并不那么令人厌恶。相反,他们对于这"不洁之兽"的肉的厌恶则带有特殊的性质,很像一种本能的反感,这个关于不洁的观念一经彻底浸入情感之中,这种本能的反感看起来总能让即便是个人习惯绝非清洁到细致入微程度的人们激动不已,而且像在印度教徒中怀有的那样强烈的宗教不洁的情感,也是这种本能反感的一个明显的例子。现在让我们设想有一个民族,其中穆斯林占多数,于是这多数人坚持在其国境内禁食猪肉。这在伊斯兰国家并不是什么新鲜事。* 这能不能说是公众舆论的道德权威的合法行使呢?如果不是,那为什么不是?这种吃法实在是这样的公众所厌恶的。他们也真诚地认为这是神所禁止和反感的。也不能谴责这一禁令为宗教迫害。它在起源上也许是宗教性的,但不能说是对宗教的迫害,因为任何人的宗教都不规定吃猪肉为其义务。这样,谴责它的唯一站得住的根据还是公众并无必要去干涉个人的旨趣爱好和只关涉自己的事情。

---

* 在这一点上,孟买的帕西人(Parsee)的情况可作为一个古怪的例子。当这个波斯琐罗亚斯德教徒的后裔组成的吃苦耐劳、富有进取精神的部落,为逃避哈里发的统治而离开祖国到达西印度时,印度的统治者对他们宽容,允许他们居住下来,其条件是不准吃牛肉。当后来这些地区受伊斯兰教征服者的统治时,帕西人又从他们手里得到恩准而继续生存,其条件是禁食猪肉。起初为了服从权威而遵守的戒律后来竟变成第二天性,帕西人至今还既戒食牛肉又戒食猪肉。这样的双重戒律虽非他们的宗教所要求,但日积月累却变成他们部落的习俗;而习俗在东方就等于宗教。

再来看离家门更近些的例子:大多数西班牙人会认为,如果不按照天主教的方式来崇拜那至高无上的存在,就是大不敬,是对他最高程度的冒犯;而且,在西班牙也没有其他合法的公开崇拜方式。在南欧的所有地区,人们把结了婚的教士看作不仅是亵渎宗教,而且是淫荡悠闲、不成体统、粗野鄙俗、令人厌恶的。对于这些完全真诚的情感和以此来反对非天主教徒的做法,新教徒们是怎样想的呢?如果说人类在无关他人利害的事情上有正当理由干涉彼此的自由,那么,根据什么原则才有可能内在一致地排除此类事情呢?或者说,谁能够因为人们要压制他们认为在上帝和人看来是丑闻的事而去责难他们呢?在禁止任何被认为是私人不道德的事情上,最强烈的情况莫过于这样做是出于压制某些人认为不虔敬的那些做法的理由;除非我们愿意采纳迫害者的逻辑,并且说我们可以迫害他人乃是因为我们正确,而他们绝不能迫害我们乃是因为他们错误,否则我们就必须小心谨慎,不可承认一条应用到我们身上时会觉得很不公正而引起我们愤慨的原则。

也许有人会反驳上面举的这几个事例说(虽然是强词夺理),这些都是取自在我们这里不可能发生的偶然情况——在我国,舆论还不大可能要求实施肉食上的戒律,或者干涉人们按照自己的信条或意旨去作崇拜,去结婚或不结婚。然而,下面这个可以说是干涉自由的例子,我们绝不能说自己已经逃脱了它的全部危险了。凡清教徒拥有足够的势力的地方,例如在新英格兰以及在共和时代的大不列颠,他们都曾竭力(并且取得相当的成功)取消所有公共娱乐以及几乎所有私人娱乐:特别是音乐、跳舞、公共游戏或者其他以消遣为目的的聚会和演出。我国现在仍然有不少大的团体,按照其道德和宗教观念,这些消遣娱乐都应予谴责;这些人大多属于中间阶级,他们在王国目前的社会和政治状况下是占优势的势力,所以,怀有这些情感的人绝非不可能早晚有一天掌握议会中的多数。这个社会中的其余部分怎么会愿意让自己快要到手的娱乐再受到一批更严酷的加尔文主义者和循道宗教徒的宗教和道德情感所限制呢？他们难道不会以相当坚定的态度要求这些冒昧侵入的敬神的社会成员关照一下他们自己的事务吗？这恰恰是应该向任何这样的政府和公众说的话，他们妄称任何人都不得享受他们认为是错误的任何一种快乐。但是，如果承认了这个妄称的原则，那任何人就不能反对它在国内多数人或者其他占优势的势力的情绪中所受到的影响；而如果一种类似于新英格兰早期定居者所抱的宗教信仰有一天竟然成功地恢复了它所失去的阵地，就像被认为正衰落中的一些宗教经常失地复得那样，那么，所有人就都必须准备顺从如他们所理解的那种基督教国家观念。

再想象另一件偶发事件，也许比上面刚说的那件事更可能变成现实。近代世界中明显存在一种强烈的倾向，它朝向社会的民主体制，不论是否伴随有大众政治机构。有人断言，在这个倾向得到最充分实现的国家——其社会和政府都是最为民主的，也就是美国——多数人看到有人过着一种自己无望过上的铺张奢华或耗资昂贵的生活方式就无法认同，这种情绪就像一个禁止奢侈的有效法律发挥着作用，以致在合众国的许多地方，一个拥有大笔收入的人竟然很难想出一种方式来花掉这笔财富而不致引起公众的谴责。尽管诸如此类的陈述作为现存事实的表述无疑有很大的夸张，但是，它们所描述的事态不只是可以想象到的和可能的结果，而且是民主情绪与下述观念相结合的可能结果，即公众有权否定个人花费其收入的方式。我们还可以进一步设想社会主义者的观点四处传播的情形，若拥有不止很小数量的财产或者不是靠自己劳动挣得的任何收入，则有可能在大多数人心目中变得声名狼藉。与这些观点在原则上类似的想法，已经在技工阶级中广为流传，并且对那些基本上服从这个阶级观点的人们，亦即其阶级的成员发生了重要的影响。人们知道，构成许多工业部门操作工多数的较差的工人都坚决持有这样的观点：较差的工人应当得到像较好的工人一样的工资，无论采取计件制还是其他方式，都不应允许任何人由于较高技能或勤劳而挣得多于那些不具备这些能力的人所能挣的工资。他们还使用一种道德警察（偶尔也成为实际有形的警察），来阻止有技巧的工人因为提供更有用的服务而获取较多的酬金，也阻止他们的雇主实际发给这样的酬金。如果公众对于私人关涉的事有任何管辖权，那我实在看不出这些人做错了什么，或者当某个人所面对的特定公众对其个人行为行使那种一般公众施加于普通人的权威时，我也看不出如何能责备这个特定的公众。

然而，不必赘述假设的情况，在我们自己的日子里，就有一些对私人生活自由的重大颠覆正在实际地进行着，一些更加重大的颠覆正以某种成功的预期虎视眈眈地威胁着我们，一些建议也正在提出来，所主张的是公众拥有一种不受限制的权利，不仅用法律来禁止它认为是错误的每件事情，而且为了不漏掉它认为是错误的事情，也禁止它承认是无辜的许多事情。

在阻止纵饮烈酒的名义下，英国的一个殖民地和几乎半个合众国的人民已遭受法律的禁止①，除了医疗目的以外，不得使用任何经过发酵的饮料，因为正如所希望的那样，禁止出售就在事实上禁止其使用。虽然这个法律在实际上不可实施，使得采纳它的几个州（包括该法由以命名的那个州）不得不再行废除，但是在我国已经开始了一

① 最先禁酒的法令被称为《缅因法》，取自这个于1815年最先颁布禁酒令的州名。——译注

项努力，许多自称慈善家的人以颇大的热情着手鼓动订立一个类似的法律。为此目的而组织起来的协会，或者如它所自称的“联盟”，已经因为一些信件的发表而招致了一些恶名声，这是该联盟书记与那为数极少的主张政治家的观点应当建立在原则之上的英国公众人物之一之间的通信。斯坦利勋爵①加入了这次通信，估计是为了增强已经寄托在他身上的那些期望，怀有此期望的人们知道，不幸地在政治生活中抛头露面的那些人中，像勋爵在某些公共场合表现出来的那些品质是多么罕见。联盟的机关据称“深深地悲叹对有可能被曲解来为偏执和迫害作辩护的任何原则之承认”，遂着手指出这些原则与协会的原则之间“宽广而不可逾越的障碍”。他说，“在我看来，所有关于思想、观点、良知的问题，都在立法范围之外；所有属于社会行为、习惯、关系，只服从于一种授予国家而非个人的裁断权力的问题，则在立法范围之内。”这里没有提及不同于这两者的第三类，即不是社会的而是个人的行为和习惯；当然，饮用发酵饮料的行为无疑正属于这一类。然而，出售发酵饮料是贸易，而贸易却是社会行为。但这里所抱怨的不是侵害了销售者的自由，而是侵害了购买者和消费者的自由；因为国家故意使他无法获得酒类，也许正同时禁止他饮酒。但是，这位书记说：“只要我的社会权利受到别人社会行为的侵犯，作为一名公民，我就要主张行使立法的权利。”现在来看这些“社会权利”的定义：“如果说有什么事情侵犯了我的社会权利，那么，出售烈性饮料肯定就属于此类事情。它破坏了我安全保障的首要权利，因为它经常造成和激起社会骚乱。它侵犯了我的平等权利，因为它从制造贫困中获取利润，而这贫困却要由我的纳税来资助。它还侵害

① 斯坦利（Edward Henry Stanley，1826—1893），长期从事外事工作，是杰出的外交官。——译注

了我的道德和智力自由发展的权利，因为它在我的道路周围遍布危险，削弱了社会力量，败坏了社会道德，而我有权向这个社会提出相互帮助和交往的要求。”这样一种“社会权利”的理论（与它相似的理论此前也许从未找到如此清楚的语言表述），其内容不过是说：每个人拥有的绝对社会权利就是，其他每一个人在每一方面都完全像他应当做的那样去行动；不论何人只要在最小的细节上未做到这一点，那就侵犯了我的社会权利，我就有权向立法机关要求解除这种冤屈。这样一条奇怪的原则要比对自由的任何一种干涉都危险得多；没有一件对自由的侵犯是它所不能辩护的；它不承认任何一点自由的权利，也许只有心里暗中持有看法而永不说出来的情况可以除外；因为我认为有害的一个想法一旦从任何人口中说出来，就侵犯了该联盟所赋予我的一切“社会权利”。这个学说授权全体人类彼此关心道德、智力甚至还有身体上的完善，而这种完善是由每个主张者按照自己的标准来界定的。

非法干涉个人正当自由的另一个重要例子是关于安息日制度的立法，这已经不只是威胁，而且是长期实施、取得胜利效果的干涉。毫无疑问，只要生活中的急事还能许可，每周有一天杜绝日常业务是一种十分有益的习俗，尽管这还没有当作宗教义务约束除犹太人以外的任何人。而且，这个习俗如果得不到辛勤工作的各个阶级的普遍赞同，就不能得到遵守，所以，在有些人一工作其他人就必须也工作的情况下，法律为了向每个人确保他人也遵守该习俗，便规定在特定的一天停止大的工业活动，这也许是可以允许的、正当的。但是，所辩护的理由是以他人直接关注每人是否遵守这一习惯为依据的，所以这个理由并不适用于个人可以按照自己的意愿使用其闲暇时间的自由职业，至于用法律来限制娱乐，那更是在最小的程度上也讲不通。的确，某些人一天的娱乐就是另外一些人一天的工作；但是，许多人的快乐（更不用说有益的休养生息）值得少数人为之劳动，只要这职业是自由选择，并且能够自由放弃的。工人们会想，假如大家都在星期日工作，那就必须干七天的活却拿六天的工资，这种想法是完全对的；但是，只要大量的雇员停止工作，为他人享乐而仍然必须工作的少数人就可挣得按比例增加的收入；而且他们也不是非从事这些职业不可，假如他们选择休假而不是赚钱的话。如果寻找进一步的补救办法，也许可以为那些特殊类型的工作者确定一周中的另外一天为假日的习俗。因此，为星期日限制娱乐这件事作辩护的唯一根据，只能是这些娱乐从宗教上说是错误的——对这样一种立法动机无论怎样抗议都不会显得过于认真。“关爱神反倒成了对神的冒犯。”①还有待证明的是，社会或其任何官员肩负一项受之于上的使命，即对任何假定的对全能上帝的冒犯，而实际上并未伤害我们人类同伴的行为实施报复。认定一个人有责任让他人信教，这个观念正是一切宗教迫害的基础，一旦承认了它，就可为所有这些迫害进行充分的辩护。现在有人一再力图阻止星期日的火车旅行，抗拒在星期日开放博物馆，以及诸如此类的事情，这当中爆发出来的情感虽然没有昔日迫害者的残酷性，但它所表现出来的心态基本上是一样的。这就是决心不允许他人做他们的宗教许可的事情，因为这些事情都不是施害者的宗教所允许的。这种信仰深信，上帝不仅憎恶误信者的行为，而且认为，我们如果听任误信者不受干涉地行动，那也仍然不能让我们免于罪孽。

除了上面列举的那些普遍存在的对人类自由漠不关心的例子之外，我禁不住还要再陈述一种直截了当的迫害言论，这是我国报纸杂志每当感到需要注意摩门教不同寻常的现象时就会爆发出来的言

---

① 原文系拉丁语 Deorum injuriæ Diis curæ，引自古罗马元老院议员、历史学家塔西佗。——译注

论。关于这个出乎意料也颇有教益的事实，可说的东西也许会很多，成千上万的人相信建立在其教义基础上的一种所谓的新启示和一种宗教（显而易见的冒牌货，甚至也没有得到其创始人非常品质的**威望**所支持），在今天这个报纸、铁路和电报的时代，它竟然被塑造成了一个社会的基础。我们这里所关心的是，这个宗教像其他的和更好的宗教一样，也有其殉道者：它的先知和创始人因为其教义而被一群暴民处死；它的其他许多信徒也遭受同样无法无天的暴力而断送性命；他们被集体地强行驱逐出他们由以出生成长的祖国，而如今，他们既已被赶进沙漠中间的荒凉居住地，我们国内的许多人还公开宣布应当（不过只是不方便）派遣一支远征军去对付他们，用武力强迫他们与其他民众的观点一致。摩门教义中激起人们冲破关于宗教宽容的约束而产生强烈反感的主要内容是它认可一夫多妻制；尽管穆斯林、印度人和中国人都允许一夫多妻制，但当使用英语并且宣称自己是基督徒的人们实行这一制度时，看来就激起了无法压灭的憎恶。对于摩门教的这个制度，谁也不会比我更深地不予赞同；除了其他原由以外，还因为它远非自由原则以任何方式所能赞许的，它是对自由原则的直接破坏，而且它不过是把群体中一半人身上的锁链扣死，而把另一半人从对于前一半人的相互义务中解放出来。可是，仍然必须记住，这种关系也像任何其他形式的婚姻制度下的关系一样，是它所牵连的妇女那一方自愿的事情，这些妇女也许注定要成为这个制度的受害者；并且不论这事实显得多么让人吃惊，它毕竟在世人的普通观念和习俗中得到了解释，也就是世人既然教导妇女把结婚看作一件必要的事情，那就不难理解许多妇女会宁愿作为几个妻子之一，而不愿意全然不得为人妻。对于其他国家，当然不必要求它们承认这样的结合，或者因为摩门教的教义而解除其一部分居民遵守本国法律的义务。但是，当这些异见者已经在他人的敌对情绪面前作出远超出可以合理要求他们的让步时；当他们已经离开不能接受他们教义的国家，在地球的一个遥远的角落开辟一块可以住人的地方并安置下来时，实在难以看出，人们除了根据暴政原则以外，还能根据什么原则去阻止他们在自己所喜欢的法律下居住于该地，只要他们不侵略其他国家，并且允许一切不满意他们方式的人都有离开该地的完全自由。最近有一位作家，一位在某些方面颇有成就的作家，建议（用他自己的话说）不用十字军而用一支“文明军”（civilizade）去对付这个多妻制人群，去结束在他看来是文明中的一步倒退。我也觉得这是一步倒退，但是我不觉得任何群体有强迫另一个群体文明化的权利。只要恶法的受害者不向其他群体求助，我就不能承认完全跟他们不相干的人们应当插足其群体，并且要求把所有直接利害相关的人看来都感到满意的一种事态强行了断，只因为远在数千里之外的、与此毫无关涉的人们觉得它是个丑闻。他们如果乐意，可以派遣传教士去传教来反对它；他们也可以用任何公正手段（不准宣教者开口却不是公正手段）去抵制相同的教义在本国人民中间取得进展。如果说在野蛮曾经主导世界时文明也能逐步战胜野蛮，那么，在野蛮已被相当地压服之后反而表示害怕野蛮会复活并征服文明，那就做得太过分了。一种文明竟能如此地屈服于它征服过的敌人，那必定是它自身先已变得如此退化，以致无论它指定的牧师和宣教者，还是每个其他人，都已无能为力或者不愿费力去力挺它。果真如此，则这样一种文明越早接受退场的通知就越好。它只能越走越坏，直到被精力充沛的野蛮人毁灭，然后重生（像西方帝国那样）。

第五章 若干应用

在怀着任何得益的预期努力把前文所肯定的各项原则内在一致地应用于政府和道德方面的所有不同部门之前，必须先更加普遍地把它们当作细节讨论的基础。这里我在细节问题上所提出的几点看法，只是打算用来例示上述这些原则，而不是追踪这些细节以得出什么结论。我所提供的，与其说是若干应用本身，不如说是应用的样本；这或许有助于把联合起来构成本文全部学说的两条格言的意义和界限阐述得更加清楚，并且在疑惑其中的哪条格言可适用于具体情况时，帮助人们在维持这两者之间的平衡中作出判断。

这两条格言是：第一，个人的行为只要仅涉及自身而不涉及其他任何人的利害，他就不必向社会承担责任。其他人在为了他们自己的利益而认为有必要时，向他提出忠告、指教、劝说以及回避，这些是社会对他的行为正当地表示不喜欢或责难时所能采取的唯一举措。第二，对于损害他人利益的行为，个人则需要承担责任，并且在社会认为需要用这种或那种惩罚来保护它自身时，个人还应当承受社会的或法律的惩罚。

首先，绝不可假定，由于对他人利益的损害或有可能造成损害这一点就足够成为社会干涉的正当理由，所以这总在事实上为这种干涉提供了正当性辩护。在许多情况下，个人在追求一个合法目标时，不可避免地，因而也就合法地引起他人的痛苦或损害，或者切断他人本来有相当的理由希望得到的好处。这种个人之间的利益对立，往往发生于不良的社会制度，但只要该制度存在一天，对立就无法避免；还有一些利益对立则是在任何制度下都不可避免的。比如，谁在一个人浮于事的职业上或在一次竞争性考试中取得了成功，谁在任何一个两人都想得到的目标的竞争中战胜另一人，谁就都免不了从他人的损失中，从他人的徒劳无功和失望中，收获到好处。但是人们普遍承认，为了人类的普遍利益，最好还是让人们追求自己的目标而不受诸如此类的结果所阻吓。换言之，社会并不承认那些失意的竞争者免除此类痛苦的权利，无论是法律的还是道德的权利，而且，只有在所使用的获得成功的手段背离了普遍利益所容许的方法（即采取欺诈或背信、使用强力的手段）时，社会才感到有责任予以干涉。

再者，贸易是一种社会行为。谁只要从事向公众出售无论何种货物，谁就做了影响他人利益和社会普遍利益的事情；因而他的行为在原则上就进入了社会管辖的范围；相应地，曾有人主张，政府有责任在所有被认为是重要的事情上限定商品价格，并管制制造的过程。但是现在，在一段长时期的斗争以后，人们认识到，实现商品之价廉物美，最有效的途径还是让生产者和销售者都完全自由，其唯一的制约就是让购买者可以随意到处选购的同等自由。这就是所谓“自由贸易”的学说，它与本文所主张的个人自由的原则是建立在不同的、却同等坚实的根据之上的。对贸易或对以贸易为目的的生产的限制都是约束；但凡约束，正**因为**（quâ）它是约束，就必定是祸害；但是，这里所论的约束只影响社会有资格约束的那部分行为，如果说有错，那是因为它们并没有真正产生期待其产生的结果。既然个人自由的原则并未涉入自由贸易的学说，它也就未涉入有关该学说的局限性的大多数问题，例如，为防止掺假进行欺诈的行为，可以允许多大程度的公众控制;有关工厂中的卫生预防措施或保护危险职业工人的举措,可以强迫雇主到什么程度。这样一些问题如果说涉及对自由的考量,那也只是指在其他条件相同的情况下(cæteris paribus),听凭人们自己去做,总比控制他们要好;但是,为了这些目的而可以合法地控制他们,这在原则上也是不可否认的。另一方面,还有一些有关干涉贸易的问题,在实质上是自由问题,比如上面提到的缅因州《禁酒法》,禁止对中国输出鸦片,禁止出售毒药,总之,凡干涉的目标在于使人们不可能或难于得到某一特定货物的,都属于这一类。这类干涉是要不得的,不是因为它们侵害了生产者或销售者的自由,而是因为它们侵害了购买者的自由。

上述例子之一的限制出售毒药一事,又引出了一个新的问题,可以称为警察职能的恰当限度的问题;为防止犯罪或事故,可以合法地侵犯自由到什么程度。政府不容争辩的职能之一就是采取防范措施在犯罪发生之前予以制止,并且在犯罪发生之后进行侦查并予以惩罚。但是,政府的预防性职能比惩罚性职能要更加容易得多地被滥用,以致伤害自由;因为,一个人行动的合法自由,几乎没有一部分不容许被表述为(而且也正当地表述为)增加了一些促成这种或那种形式过错的便利条件。可是,如果一个公共权威甚或一个私人看见任何人明显地正着手准备一项犯罪,那他们并非只可坐视此人犯下此罪行,而是可以干预以阻止其得逞。假如购买或使用毒药的目的只是为了从事谋杀犯罪,那么禁止其制造和销售就是合法的。然而,对毒药的需求还可以不仅出于无辜的目的,而且出于有益的目的,则对毒药的限制就不能在施加于一种情况时不会施加于另一种情况。再说,防止事故也是公共权威的正当职能。如果一名公务员或任何其他人,看见有人试图跨过一座已经确知为不安全的桥梁,而又来不及警告他这一危险,那他们可以捉住他、使他往回走,这不算真的侵犯了他的自由;因为自由在于一个人做自己想做的事,而他并不想掉到河里去。可是，当某个祸害还不是确定性而只是危险性时，除了当事人自己以外，就没有人能够判断他的动机是否足以促使他冒险试一下；因而在这种情况下，（除非他是一个小孩，或者一时精神错乱，或者正处于不适合充分运用思维能力的兴奋或专注的状态）我认为，只应该向他发出危险警告，而不是以强力阻止他去冒险。类似的考虑如果应用于像出售毒药那样的问题，也可以使我们能够判定可能的管制方式中的哪一种是否违反了自由原则。例如，给药品贴上一些标明其危险性质的文字标签，这样的预防方法就可强制执行而不致侵犯自由：购买者绝不会不愿意知道他所持有的物品含有某些毒性。但是，在一切情况下均要求出具开业医生的证明，那就使得合法使用此种药品的人们花费颇多，有时甚至还不可能得到它。在我看来，既在使用毒药从事犯罪的路径上设置重重困难，又不致侵犯，甚至还顾及他人需要毒物以供正当用途的自由，显而易见的唯一的方式在于提供如边沁用恰当字句所称的“预设的证据”。这种方式是订立契约中的每个人都熟知的。人们欲订立一个契约时，通常和正当的做法是，法律要求遵从某些形式的手续以作为契约生效的条件，如当事人的签名、见证人的证实及诸如此类的事情；为的是事后一旦发生争执，可以有证据证明该契约的确曾经订立，也不存在什么足以使它在法律上失效的情况；其作用是给订定虚假契约的事情制造巨大障碍，也使得契约很难在一旦被人知道就会破坏其有效性的情况下订立起来。类似性质的预防措施，也可以在出售适于用作犯罪工具的物品的事情上实施。比如，可以要求卖主进行售货登记，记载交易的准确时间、买主的姓名和住址、售出货品的准确质量和数量；还可以问明买主使用该货品的目的，并把所得到的答复记录在册。在无医生处方出示时，也许还可以要求有第三者在场，以让购买者认清事实，以备事后有理由相信该物品被用于犯罪目的时可作指证。这样一些规定对于该物品之获取一般不会构成实质性的障碍，但对于不正当使用它而又逃避侦查的情况，则会成为相当大的障碍。

社会借事先预防的措施来避免对它的犯罪，这一内在权利意味着对我的第一条格言的明显限制，这条格言说的是，不能以阻止或惩罚的方式去正当地干预纯粹关涉自身的错误行为。例如喝醉酒在通常情况下，不是立法干预的恰当对象，但是，我认为下述做法是完全合法的：某人某次曾被定罪为在酒力的影响下对他人实施暴力，这时就应当将此人置于专门针对他的特殊的法律限制之下；如果后来发现他又喝醉了，那他就应该有责任接受惩罚，而且如果他再度因喝醉而犯罪，那对他的该项罪名的处罚还得加重。一个醉酒状态下会对他人造成伤害的人故意让自己喝醉，那就是一个对于他人的罪行。于是再说懒惰，除了接受公共津贴的人以外，或者除了因懒惰而造成毁约的事情以外，它也不能在作为法律惩罚对象的同时而又不失为专横暴虐；但是，如果有人由于懒惰或者其他任何可以避免的原因而不能履行其对于他人的法律义务，例如抚育子女的义务，那么，在没有其他手段可用的时候，通过强迫劳动而迫使他去履行该义务，也不能算作专横暴虐。

再者，还有许多行为，其直接损害只涉及行动者本人，因而不应当遭到法律的禁止，但如果公开做出来，就会破坏良好的风气，因而也可划归冒犯他人的范畴，从而可正当地予以禁止。有伤体面的行动都属于此类；对此没有必要赘述，倒不如说它们并不直接相关于我们的题目，因为有许多本身无可谴责，也无人觉得可以谴责的行动，也同样强烈地违背公开性。

还有一个问题，必须找到它的一个与既定原则相一致的答案。有些私人行为按说是可加责备的，但由于直接结出的恶果完全落在行为者自己身上，为了尊重自由，社会不宜加以阻止或惩罚；既然本人可以自由地去做，那么他人是否也同样可以自由地劝告或鼓动呢？

这个问题不免有些困难。一个人怂恿另一个人采取某个行动，这严格说来不是只关涉自身的行为。对他人提出劝诫或者诱导，这是一种社会行为，因而可以认为像一般影响他人的行为一样，应当由社会来控制。但是，稍加反思就可纠正这第一印象，因为如果这事情本身严格说来不在个人自由的定义之内，那仍可表明，个人自由的原则所依据的理由可以适用于它。如果必须允许人们在只关涉自身的事情上采取在他们看来是最好的行动，当然由他们自己承担全部风险，那么，也必须允许他们有同样的自由去就什么事适合去做而相互商议；去交换意见，彼此提出并接受建议。凡是允许做的事情，也必须允许劝说去做。这个问题唯一有疑义之处，只在鼓动者从其劝说中获取了个人的好处，只在他将此作为取得给养或金钱收入的职业，去促成社会和国家认定为祸害之事。说到此，的确又给问题的复杂性加入了一个新因素，即社会上存在这样一些阶层的人，其利益与公共福利正相反，其生活方式也以与公共福利相反的行动为基础。对此应当加以干涉，还是不干涉呢？例如，必须容忍通奸，赌博也是一样；然而，一个人是否可以自由地去做一个蓄妓的老鸨，或者开设一间赌场呢？这种情况属于那些恰恰跨在两条原则之间分界线上的情况，不是一下子就能看清它恰好符合哪一条原则。双方各有其论据。主张宽容的一方也许会说，从事某种事情作为职业，借以谋取生存或利益，这一事实并不能使得该职业变得有罪，不以此为职业而做此事本来就是允许的；对于该行为，应当要么一贯给予准许，要么一贯加以禁止；假如我们迄今一直予以辩护的原则是正确的，那么，社会（**正因其为**社会）就无需去判定任何一件只关涉个人的事情为错误；此事不能超出劝阻的限度，而既然一个人有劝阻的自由，另一个人就同样有劝行的自由。与此相反的一方则可能争辩说，尽管公众或国家并无正当理由为了压制或惩罚的目的而权威地判定这种或那种只影响个人利益的行为是好还是坏，但是，它们有充分理由来假定，他们认为坏的行为究竟坏不坏,这至少还是一个可以争论的问题:这一点一旦设定,公众或国家如果竭力排除那些绝不可能是公正无私的鼓动者并非无所图谋的诱惑的影响,那也不能说是做得不对,这些鼓动者在一方拥有其个人的直接利益,而那正是国家认为属于错误的一方,而且这些鼓动者公然只为了个人的目的而力促这一方。也许他们会力劝,如此安排事情,使得人们都在他们的唆使之下明智地或愚蠢地做出其选择,尽可能地摆脱那些为自己利益攸关的目的而激发他们意向的人的计谋,这肯定不会有什么损失,不会牺牲掉任何一点益处。因此(他们也许会说),尽管有关非法游戏的法令是完全不可辩护的——尽管所有人都应当有在自己家里或彼此的家中赌博的自由,甚或在他们自己捐资设立,只对会员及其访客开放的任何聚会地点里赌博——但还是不应该允许公共的赌场。的确,这个禁令永远也不会有效,不论授予警察多少专横的权力,赌场总能在其他种类的伪装下维持其存在;但是,这毕竟可以迫使这些赌场将其活动做到某种程度的隐蔽和神秘,以致除非专门寻找它们,无人知道它们的任何信息;而且社会的目标不应该超出此范围。这些论据包含相当可观的力量。我不想冒险去判定,这些论据是否足够为下述道德上的反常之事作正当性辩护,即在惩罚了从犯时却让(并且肯定让)主犯逍遥法外;罚没或监禁妓院老板,却不惩治嫖客,惩治赌场老板,却不惩治赌徒。至于以类似的理由来干涉一般的买卖交易活动,那就更不应该了。几乎每一件买进卖出的物品都可以被过度地使用,而销售者在鼓励这种过度使用方面有其金钱上的利益;但是,没有人能够以此为根据来为(比方说)缅因州的《禁酒法》作辩护;因为那类销售烈性饮料的商贩尽管以其过度滥用为营利之方,但是在这些饮料的合法使用方面,他们毕竟还是必不可少的。可是,这些商贩感兴趣于鼓动纵饮烈酒,倒是真正的祸害一件,这就使得国家有正当理由去设置限制并要求作出保证,这种做法如果不是出于该正当理由,就会成为对合法自由的侵犯。

更进一步的问题是，国家对于它认为是违反当事人最佳利益的行为，在准许的同时，是否仍然应当间接地阻碍其实现；例如，是否应当采取措施使得喝醉酒的开销更大，或者通过限制酒类销售点的数量来使得买酒更加困难。对于这个问题，就像对于大多数其他实际问题一样，需要作出许多种区分。只是出于让人们更难以获得酒类饮料的目的而对其征税，这一举措与完全禁止此类饮料相比，只存在程度上的差别，因而只有当后者是正当时，前者才是正当的。成本的每次增加，对于财力赶不上价格增长的人来说，就是一种禁止；对于财力可及的人来说，则是对其特殊嗜好的满足施加的一种处罚。人们在履行了自己对国家和个人的法律和道德义务以后，如何选择快乐、选择支配收入的方式，都是他们自己关心的事，必须依靠他们自己的判断。这些说法，初看起来像是谴责国家为了国库收入而选择酒类饮料为特别征税对象的做法。但是必须记住，为财政上的目的而征税是绝对不可避免的；而在大多数国家，相当大一部分税收有必要是间接的；因此，国家就不得不对某些消费品的使用课以罚款，而这可能对某些人就是禁止使用。正因如此，国家就有责任在规定征税时考虑到什么是消费者最能省掉不用的货品；还要更加（à fortiori）优先选定那些使用稍微超过很有限的数量就肯定会造成伤害的货品。如此看来，对酒类饮料征税达到足以构成国库收入中的最大数目（假定国家需要它所征得的全部收入），这不仅是可以允许的，而且是应当批准的。

至于让这类货物的销售成为一种多少带排他性的特权的问题，则必须依这项限制所意图服务的目的而作不同的回答。所有公众聚集的场所都需要警察的约束，而此类地方则尤其需要这种约束，因为妨害社会的一些事情特别容易在此类地方发生。因此，宜于把这类货品的销售权（至少是当场消费的一类）只授予一些公认的或有保证的行为值得尊敬的人士;还可以作出这样一些规定:为便于公众监督而需要限定营业开始和结束的时间,如因店主的纵容或无能而时常发生破坏安定的事件,或者把店铺变成策划和准备犯法事件的秘密场所,则可以吊销其营业执照。任何进一步的限制,在我想来就不能算作在原则上是正当的了。比如,限制啤酒和烈性酒商店的数目,显然是为了使人们更难得到啤酒和烈性酒并减少这种诱惑的场合,这不仅因为有些人会滥用此项便利而使所有人都陷入不便,而且只适合这样一种社会状况,即公然把劳动阶级当作孩童或野蛮人来对待,并置于管束的教育之下,以让他们适应将来许给他们的自由的特权。这绝不是任何自由国家公然表示的管理劳动阶级的原则;并且,任何一个赋予自由以正当价值的人,都不会支持自己被如此管理,除非在作出一切努力教育他们自由并把他们当作自由的人来统治之后,仍然确切地证明他们只能被当成孩童来管治。只需陈述一下这种选项即可表明,如果以为在任何需要在此考虑的事情上曾经做过这样的努力,那是荒谬的。只是因为这个国家的制度是一堆自相矛盾的东西,所以一些属于专制政府或所谓世袭政体的东西混入我们的日常实践当中,同时,我们制度中的普遍自由又阻碍我们行使一定程度的控制,这种控制是使得任何真正有效的约束成为道德教育的内容所必需的。

本文前面一部分中已经指出,在只关涉个人的事情上的个人自由,也意味着任何数量的个人中相应的自由,即在关涉他们共同事业、只关涉他们自己而不涉及其他人的事情上,经过相互同意来进行调整的自由。只要组成该圈子的所有人的意志没有变化,这个问题就不会出现什么困难;但是由于这个意志有可能变化,所以即使在只关涉他们自己的事情上,他们也应该彼此订立合约;他们这样做了之后,作为普遍规则,就应当遵守这些合约。可是,也许在每个国家的法律中,这个普遍规则都有某些例外。不仅不要求人们遵守那种侵犯第三方权利的合约,而且有时候还在合约有害于他们自己时,就可以认为这已经构成了他们解除该合约的充分理由。例如,在我国和其他大多数文明国家,一个人售卖自身或者允许他人售卖自身为奴,这样的合约就是无效合约,无论是法律还是舆论都不得强迫其执行。如此限制他自愿处置其自身命运的权力,其根据是显而易见的,在这一极端事例中可以很清楚地看出来。除非为了他人的缘故,不得干涉一个人的自愿行为,其理由正在于对他的自由的考量。他的自愿选择正证明他如此选定的事物对他是可取的,或者至少是能忍受的,而且从总体上说,实现他的利益的最佳方式也就是允许他采取自己追求它的方法。但是,卖身为奴就是放弃他的自由;他除了此举以外,便事先永远放弃了任何自由之行使。因此,他就在自己的举动中破坏了原先允许他自己处置自己的那个目的本身。他已经不再是自由的,从此以后便处于这样一种地位,即由于他自愿居留其中而再也不会有什么有利于他的设定。自由原则不能要求一个人可以自由地选择不自由。允许一个人让渡他的自由,这就不是自由。这些理由的力量已在这一特殊事例中表现得如此显著,它们显然还有广阔得多的应用范围,但也不免随处都要受到一种限制,因为生活的必要性持续地要求我们,当然不是要我们放弃自己的自由,而是我们应该同意在这里或那里限制一些自由。然而,要求当事人在只关涉他们自己的事情上有不受控制的行动自由这条原则,仍需要让受合约约束的双方在无涉第三方的事情上能够相互解除该合约;甚至可以说,没有这种自愿解除,也许就没有什么契约或合约了,只有与金钱或金钱价值相关的事情是例外,在此类事情上人们敢说是不应该有任何退出合约的自由的。在本文前面引用过的洪堡那篇出色的论文中他这样陈述其信念:一切涉及私人关系或服务的合约,其法律上的约束力绝不应超出一段有限时间;而这类合约中最重要的一种即婚姻关系,其特点在于除非双方的感情在此婚姻中和谐美满，否则结合的目标即告落空，因而所要求的就只有双方宣布解除此合约关系。这个题目是如此重要、如此复杂，以致很难用一句插话来讨论，我在此谈及它，也只达到说明问题的目的所必要的程度。我想，如果洪堡这篇论文的简明性和概括性并未迫使他在这一事例上满足于只宣布结论而不讨论其前提，那么，他无疑会认识到，是不能用如他所限制的那样简单的依据来论证这个问题的。一个人无论借助于诺言还是行动，只要促使另一个人相信他会继续以某种方式行动（形成了期望和推测，并把自己的一部分生活计划建立在该推测之上），那么，他对此人就产生了一系列新的道德义务，他可以否弃这种义务，但绝不能置之不理。再说，如果缔约双方之间的关系导致对他人的什么结果；如果它把第三方置于某种特殊的境地，甚或像在婚姻关系中那样，引致了第三方的存在，那么，缔约双方就产生了对第三方的人之义务，而这种义务的履行，或者至少是履行的方式，又必定受到缔约双方原有关系之延续或中断的很大影响。这并不是得出结论说（我也不能这样承认），这些义务延伸到要求无论不情愿的一方付出多大的代价，也都要履行该契约；但是，这些总是该问题当中必须考虑的因素；即使如洪堡所坚持的，它们不应当影响到双方解除该合约的**法律上**的自由（我也认为它们不应当有**很大的**影响），但必然大大地影响双方在**道德上**的自由。一个人在决定采取一项对他人利益有如此重大影响的步骤之前，有责任把这一切情况都加以考虑；如果他对这些利益不给予应有的重视，那他就要在道德上为过错承担责任。我已经作出了这些显而易见的评论，为的是更好地说明自由的普遍原则，而不是因为这些评论对这一特定问题有什么必要性，恰恰相反，人们在讨论这个特定的婚姻问题时，通常看起来是把孩子的利益视为一切，而成年人的利益则一钱不值。

我在前面说过，由于缺少一种公认的普遍原则，人们往往在不该给予自由的地方给予了自由，而在应当给予自由的地方却又拒绝给予；案例之一是，在现代欧洲世界，人们在一件事情上对自由的情感最为强烈，而在我看来这是完全错置了地方。一个人应当可以自由地按照自己的喜好做只关涉他自己的事情，但是，他不应当以他人的事情就是自己的事情为借口，而同样自由地按照自己的喜好去代替他人而行动。至于国家，它虽然尊重每人在特别关涉自己的事情上的个人自由，也有责任对它允许每个人施加于他人的权力保持一种警惕的控制。可是在家庭关系的问题上，国家几乎完全忽视了它自己的这项义务，而这个家庭关系问题，就其对于人类幸福的直接影响而言，要比所有其他问题加在一起还来得重要。这里无需细述，丈夫对于妻子享有几乎可以说是专制的权力，因为要完全消除这个不幸，最需要的是让妻子们也像其他人一样享有同等的权利，受到同样方式的法律保护；也是因为在这个问题上，既成的不公平现象的辩护士们不是让自己为自由申辩，而是公然以权力捍卫者的立场来讲话。正是在子女问题上误用了的自由观念，成了国家履行其责任的一个障碍。人们几乎认为，任何人的子女，被认定为实实在在地（而不是比喻意义上）就是此人的一部分，法律若稍微干涉一下家长对子女绝对的和排他的控制，家长就表现出特别的忌妒，甚至比在他自己的行动自由受到干涉时还要严重：人类的大多数对自由的重视远远不及对权力的看重。以教育为例。说国家应当要求并强迫生来即为其公民的每个人接受一定程度的教育，这难道不几乎是一条自明的公理吗？然而，有什么人不害怕承认并主张这个真理呢？的确，几乎无人否认，做父母的既然把一个人生出于世，就应当给这个人一种教育，使其一生对人对己都能很好地尽到自己的本分，这是为人父母者（或者按照现有的法律和习惯说法，是父亲的）最神圣的责任之一。可是，尽管大家都异口同声地宣称这是父亲的责任，但在这个国家，几乎无人能够忍受别人强迫他去履行这个责任的说法。人们不是要求他为确保孩子得到教育而作出任何努力或牺牲,而是在免费提供的教育面前,还要由他自己来选择是接受还是不接受!大家还没有认识到,一个人只顾把孩子生出来,而不相当地筹划好能够不仅为他的身体提供食品,而且为他的心智提供教育和训练,这对于那个不幸的后代和整个社会都是一种道德上的犯罪;如果做父母的不履行这项义务,国家就应当实行监督,使这项义务尽可能靠父母负担而得以履行。

其实,一旦承认强制普及教育的义务,关于国家应当教什么、应当如何施教等难题就可告一段落,而人们现在正把这些难题转变成党派论战的主题,把本应当用于教育的时间和工作浪费在关于教育的争吵上。政府如果下定决心**要求**每个儿童都受到良好的教育,那也许就可不必自己去操心**办**教育。可以让父母们根据自己的喜好为子女选择在何处得到怎样的教育,而国家只需帮助贫穷阶层的儿童付学费,对完全无人负担的儿童代付全部上学费用,这就足够了。人们竭力反对国家教育的那些理由,并不适用于国家对教育的强制,而只适用于国家亲自出马指导这种教育;这是完全不同的两码事。把人民的教育全部或大部分交到国家手里,这是我所坚决反对的,而且反对的程度绝不亚于任何人。本文前面说到的有关个性、观点和行为方式的多样性之重要性,就包括教育的多样性之同样无法言喻的重要性。国家主持一种普遍教育,这无非是想方设法用一个模子把人们彼此都铸成一模一样;而用以铸造人民的这个模子取悦的正是政府中占据主导权的那些人——无论是君主、僧侣集团、贵族,还是现时代的多数人,与其有效和成功的程度成比例,它确立了对于人心的一种专制,并且自然而然地也导向对于人身的专制。一种由国家确定和控制的教育,如果还有其存在之余地,也只应作为多种相互竞争的实验之一而存在,其实施是以示范和鼓舞为目的,让其他类型的教育保持某种优良的标准。的确，只有当整个社会普遍处于这样一种落后状态，以致它不能或不会提供任何适当的教育机构，因而必须由政府担负起这项事业时，才可以在“两害相权取其轻”的考量之下，让政府自己来主持学校和大学的事业；正如一国之内如果没有某种形态的私人企业适合承担工业的重大工作，则政府就可以自己举办联合股份公司的业务。但是一般而言，如果国内拥有足够数量的在政府支持之下有资格办教育的人士，那么，这些人就有能力并且情愿根据自愿原则办出同样良好的教育来，其前提是法律规定实行强迫教育，国家又给付不起学费的学生提供助学金，从而确保办学可获得报酬。

实施这项法律的手段只能是公开考试，遍及所有孩子，并且从童年做起。可以规定每个儿童都必须接受考试的年龄，以确定他（或她）是否已能阅读。如果某个孩子被证明还不能阅读，除非他有可原谅的充分理由，否则就可对其父亲处以一笔适中的罚款，必要时还可通过他自己的劳动来缴纳此款，并且把这个孩子送进学校，费用由他来承担。每年都应更新一次考试，逐渐扩大考试科目的范围，这样就在实际上强制所有儿童普遍获得，并且保持某个最小限度的普通知识。在此最小限度以外，还应当有各种科目的自愿考试，经过这些考试，精通程度达到一定标准的人就可以要求获得一张证书。为了防范国家通过这些安排来对人们的观点施加不正当的影响，考试中所测验的知识（除那些纯工具性的知识如语言及其用法以外）应当严格地限于在事实和实证科学的范围，甚至高级别的考试也是如此。关于宗教、政治或其他有争议的课题的考试，不应当用于测验有关观点的真伪，而是测验有关事实的知识，即哪些作者、学派或教会曾根据什么理由主张过什么观点。在这种制度下，成长中的一代在一切有争议的真理上将不会比他们现在的处境要差；他们将会像现在一样可以被培养成信奉国教或者不信奉国教的人，国家只是关照他们应当成为有教养的国教徒或者有教养的非国教徒。没有什么能够阻挡他们在接受其他各种教育的同一所学校里,也接受宗教教育(如果他们的父母愿意)。国家在有争议的题目上强迫其公民的结论偏向于一方的所有努力,都是一种祸害;但是,如果致力于确认并保证一个人拥有在任何值得关注的题目上得出他的结论所必需的知识,那倒可以是十分正当的。一个攻读哲学的学生,若有能力通过关于康德和洛克的考试,不论他赞成其中的哪一位,还是一位都不赞成,那总是更好些:而对一个无神论者进行有关基督教各种证据的考试,只要不要求他宣称自己相信它们,也就没有理由予以反对。然而我认为,关于较高知识部门的考试,应当是完全自愿的。如果让政府拥有这样一种权力,即因为所谓资格上的缺陷,就允许政府把某人排除在职业之外,即使是教书这个职业,那就太危险了。像洪堡一样,我也认为,对于所有前来应试并通过了测验的人,都应授予科学或职业成就方面的学位或公共证书;但是,这样的证书除了可能得到公众舆论对其证言的重视以外,绝不应构成胜过其他竞争者的有利条件。

不只是在教育问题上,自由观念的误置也让父母们在具有最强依据的事情上认识不到自己的道德义务,让国家在许多有强烈依据的事情上不去执行自己的法律义务。孕育生命这件事实本身就是人的生活范围中最有责任的行为之一。承担这一责任(赋予一个可以是祸也可以是福的生命),除非这个被赋予生命的人将来至少有合意的生存状况的普通机会,否则就是对此人的犯罪行为。在一个人口已经过多或者有此威胁的国家,如果生出更多一些孩子,结果会因这些人口的竞争而降低劳动的报酬,这对于所有依靠自己的劳动报酬维持生活的人们也是一种严重的冒犯。欧洲大陆许多国家,其法律禁止不能表现出拥有维持一家生活能力的男女结婚,这并没有超越国家合法权力的范围;这种法律无论是否合宜(这个问题主要取决于当地的情况和情绪),都不能认为它侵犯了自由而予以反对。这样的法律是国家为禁止一个有害行为而作出的干涉;这个行为既然有害于他人,就应当成为谴责和社会诟病的对象,即便还不宜施加法律的惩处。然而,目前流行的自由观却是:那么轻易地屈从于对一个人只关涉自身的事情上自由的真正侵犯;另一方面,当一些人纵情做出的结果是把一个或几个悲惨的、堕落的生命赋予后代,并对他们的行为以任何方式足以影响到的人们造成多种祸害之时,却抵制对他们的倾向施以任何约束。我们只要把人类如此奇怪地尊重自由与那样奇怪地缺乏对于自由的尊重这两方面加以对照,就可以想象一个人竟拥有一种危害他人的必不可少的权利,却丝毫也不见其只取悦于自己而不给他人造成痛苦的权利。

我保留了最后一些篇幅来谈谈有关政府干涉的限度这一大类问题,这虽与本文的主题密切相关,但严格地说却不在其范围之内。存在这样一类情况,其不容许政府干涉的理由并不涉及自由的原则;问题不在约束个人去行动,而在帮助他们去行动;这也就是要问,政府是否应当为了人们的利益而为他们做些事,或者促使办成一些事,而不是把那些事一律留给他们自己去办,无论是各人自己办还是自愿联合去办。

对于不涉及侵犯自由的政府干预的反对意见可分为三种情况:

第一种情况是,待办的事情由个人办可能比由政府办来得好。一般来说,办理一项事业,或者决定它将怎样办、由谁来办,最适合的人莫过于对该事业有切身利益的人。这条原理谴责立法机关或政府官员像曾经通行过的那样干涉普通的工业生产过程。但是,问题的这一部分已经由政治经济学家作过足够详尽的讨论,而且与本文的原则也没有特别的联系。

第二种反对意见则比较贴近我们的主题。在许多情况下,尽管一般来看由一些个人来办某个特定的事情未必能像政府官员办得那样好，但是，可取的方式仍然是应当让这些个人来办，而不是由政府来办，以作为对于他们自己智力教育的一种手段——作为一种方式，用以加强他们的主动性才能，锻炼他们的判断力，让他们在留给自己去解决的课题上取得熟悉的知识。人们提倡陪审团制度（在非政治性的案件上），提倡自由的、大众的地方和城市自治制度，提倡由自愿的联合组织来办理工业和慈善事业，其主要理由，尽管不是唯一的理由，正在于此。这些都不是自由问题，只是在长远的趋势上与自由问题有关，但它们是发展问题。对这些问题还可以在另外的场合作为国民教育的部分来仔细讨论，这实际上就是对一个公民的特别训练，是自由人民政治教育的实践部分，把他们从个人和家庭的自私性的狭小圈子中解脱出来，使他们习惯于领会共同的利益和管理共同关心的事情，使他们习惯于从公共或半公共的动机出发去行动，并以促进他们之间的联合而不是相互孤立的目的来指导其行动。一个自由制度如果缺少这些习惯和力量，那就既不能运作，也无法维持，正如在一些国家，政治自由并不是建立在地方自由的坚实基础上的，因而往往带有稍纵即逝的性质，就是例证。纯粹地方性事务由地方来管理，大工业企业由自愿出资者的联合组织来管理，提倡这两点的进一步理由，就是本文前面所提出的发展的个性和行动方式的多样性所具有的所有优点。政府的运作趋向于千篇一律。相反，在个人和自愿联合组织那里，倒进行着各种不同的试验，获取无穷多样的经验。政府能够有益地去做的，只是使自己成为一个集中保管者，许多实验所得出的经验的积极分发者和传播者。其任务在于使每一个试验者都能从他人的各种试验中获益，而不是除了自己的试验以外其他人的试验都一概不予容忍。

主张限制政府干预的第三种也是最有力的理由是，不必要地增加政府的权力，会造成很大的祸害。在政府已经行使的职能之外每增加一点，都会导致其对人们希望和恐惧心理的影响更广泛地散布，使得活跃而富有进取心的那部分公众越来越变成政府的附庸，或者变成志在组成政府的某一党派的附庸。如果公路、铁路、银行、保险机构、合股的大公司、大学和各种公共慈善机关，都变成政府的分支机构；如果再加上市政公会和地方议事会以及现在留给它们的一切，也都变成中央行政系统的一些部门；又如果所有这些不同企事业的从业人员都由政府来任命和支付薪金，并且靠政府来惠赐其生活的每一步提升；那么，即使有出版自由和大众的立法体制这一切，也不足以使这个或任何其他国家成为名副其实的自由国家。而且，这个行政机器构建得越是高效和科学化——网罗能力最强的高手来操纵这个机器的安排越是精巧，其祸害就越大。近年在英国，有人提议政府行政服务的所有公务员都应通过竞争考试来遴选，以便为这些职位求取有可能得到的最有智慧、最有教养的人士；对于这个建议，赞成和反对的两方各自发表了不少谈话和文章。反对方最坚持的论据之一是，国家的恒久公仆这个职业在报酬和重要性上都没有吸引最高级人才的足够前景，这些人才总能在各种职业或公司和其他公众团体的服务方面觅得更吸引人的生计。如果拥护这个命题的朋友们用这个论据来回答对它的主要责难，那人们不会感到惊异。现在竟出自其反对者之口，的确是够奇怪的。这里作为反对意见而力倡的是所提议制度的安全阀。如果一个国家的所有高级人才竟然都能被纳入政府的服务工作中去，那么，一个倾向于导致此结果的建议才会引起相当的不安。如果一切需要组织协调或以宏大而全面的见识来从事的社会事业，其各个部分均掌握在政府之手，如果政府的职位普遍地由最能干的人来担任，那么，这个国家中所有扩大发展的文化和实践产生的智慧，除了纯粹思辨性的以外，势必都集中于一个人数甚众的官僚机构，而社会中其余的人就势必在一切事情上都仰仗于它——群众在做所有要做的事情时，都得听从它的指导和指令；有能力和志向的人也得向它谋求个人的升迁。于是，得以钻进这个官僚机构的各个等级，进去之后又获得升迁，就成了有企图心的人唯一的目标。在这种**政制**（régime）之下，不仅外部的公众由于缺少实践经验而没有资格批评或监督这个官僚机构的运作方式，即使专制制度的意外事件或平民制度的自然运作偶尔把一名或若干名倾向改革的统治者推上最高位，也无法实施与这个官僚机构利益相反的改革。这就是俄罗斯帝国的可悲状况，正如那些有充分观察机会的人提供的叙述所表明的那样。沙皇本人在反对这个官僚集团上也是无能为力的；他可以把他们中的任何一人放逐到西伯利亚，但是，他不能脱离他们或违背他们的意志来进行统治。对于沙皇的每项诏令，他们都有无声的否决权，只要拒绝将其付诸实施就可办到。在拥有较先进文明和较多反抗精神的国家，一般公众已经习惯于指望国家替他们办好每件事情，或者至少在不问清楚国家允许做什么甚至怎么做时就不为自己做任何事情，他们自然就要求国家为所有降临到他们身上的祸害负责，而一当祸害超过他们的忍耐限度，他们就会起来反对政府，并闹起所谓的革命；于是另外一个人，不论是否从全体国民获得合法权力，便跃上了统治者的高位，对这个官僚机构发号施令，一切就很像以前一样地运转下去；官僚机构依然未变，也就无人可取而代之。

在习惯于处理自己事务的人民当中，所表现出来的景观就迥然不同。在法国，很大一部分人曾服过兵役，其中有很多人至少担任过下士级军官，因此在每次平民起事中，总有一些人能够担当领导，并能临时订出一些还算不错的行动计划。法国人在军事事务上是如此，美国人则在每一种行政事务上做到了这一点；假设他们没有政府来管，美国人的任何一个团体都能立即组成一个政府，以足够的智慧、秩序和决定来从事那个中止了的或任何其他的公共事务。任何自由的人民都应该是这样的；能够如此的人民必定是自由的；这样的人民永不会因为有什么人或团体能够抓住并控制住中央管理机构，就让自己被其奴役。任何一个官僚机构都不能指望可以强迫这样的人民去做或者承受他们不喜欢的事情。可是,如果每件事都必经官僚机构才能办成,那么,只要是官僚机构真正反对的事情,就一定办不成。这种国家的结构就是把全体国民的经验和实际能力组织成为一个有纪律的团体,为的是对其余的人进行统治;这样的组织自身越是完善,它就越能成功地从群体各等级中为自身吸收并训练最能干的人,它对包括该官僚机构的成员在内的一切人的约束也就越是完整。因为统治者自己也成为他们的组织和纪律的奴隶,就像被统治者成为统治者的奴隶一样。中国的一个大官就像一个最卑微的农民一样,同是一个专制政体的工具和傀儡。一个耶稣会士是其会社最低贱的奴隶,虽然该会社自身却是为其成员们的集体权力和地位而存在的。

不应忘记的另外一点,即把国家中的主要能人全部吸纳入统治团体之中,这对于该团体自身的智力活动和进步,迟早会是致命的。他们既然结成了一个团队(所运行的制度,像所有制度一样,必然在很大程度上依靠固定的规则来进行),这个官僚团体就不免经常受到坠入惰性相习的例行公事的诱惑,或者,如果他们有时也遗弃那种老牛破车的工作作风,那又会陷入这个团体的某一领导成员幻想出来的未经充分验证的不成熟想法之中;要遏止这两种貌似对立、实则密切相联的趋势,能够使这个团体的能力保持高水准的唯一刺激,就是对这个团体之外有同等能力的人们的监视批评承担责任。因此,必不可少的要求是,保持独立于政府的某些手段,以形成这种能力,并赋予对重大实际事务做出正确判断所必需的机会和经验。如果我们想永久保持一个技巧熟练、高效率的官员团队——首先是一个能够发起并愿意采纳各种改进措施的团体;如果我们还不想让我们的官僚机构堕落成一种腐儒政治,那么,这个团体就绝不可独占所有这样的职业:可形成并培育人类治理所需要的各种能力。

判定对人类自由和进步十分可怕的祸害始发于哪一点，或者毋宁说，判定这些灾祸从哪一点开始压倒了在公认领袖的领导之下为排除社会福祉的障碍而集体应用社会力量所获得的好处；尽可能多地发挥集中权力和智慧的优点，而又不致把一般活动过多地转入政府渠道——此乃统治艺术中最困难、最复杂的问题之一。这在很大程度上是一个细节的问题，必须从多种不同的角度来考量，无法定出一条绝对的规则。但是我相信，稳妥的实践原则、心中应怀有的理想、用以检验旨在克服这个困难的所有举措的标准，可以表述如下：保持符合效率原则的最大限度的权力分散；但也尽最大可能使信息集中并将之从中心散播出去。因此，在地方行政管理上（比如在北美的新英格兰各州），对不宜由直接利益相关的人自己去办的一切事务，都应仔细予以分类，分别设立官职，其人选由各个地方自行选出；但是在此之外，在地方事务的每个部门，中央政府还应设一个监督机关，形成该总体政府的一个部门。这个监督机关的职能是把从各个地方该公共事务部门的行为，从外国政府所做的每件类似工作，从政治科学一般原则中获取的各种各样的信息和经验，全部像聚焦一样集中起来。这个中央机关应当有权了解所做过的一切事情，其特殊责任则在于，使一个地方获得的知识应能被其他地方所利用。它所处的地位高远，观察的范围广大，跳出地方上的琐碎偏见和狭隘眼光的局限性，所以它的建议自然就带有很大的权威性；而它作为一个永久机构的实际权力，我以为应当只限于强使地方官员遵守为指导他们而制定的各项法律。在一般法规中没有规定的所有事情，则一概应由地方官员自行裁定，但需对其选民负责。如果违反法规，那他们就要对法律负责，而法规本身则应由立法机关来制定；中央行政权威只应监督法规之执行，如法规未得到正当实施，则应视事情的性质，或者提请法院强制执行，或者请其选区全体选民罢免未按照其立法精神执行法规的官员。从其一般观念来看,这就是英国中央救济会意图对全国贫民救济税管理人员实施的监督。该救济会行使的权力如超过这个限度,那在特殊情况下也是正当和必要的,即为了在不仅对各个地方而且对整个社会都有深刻影响的事情上纠正一些根深蒂固的不良管理习惯;因为任何一个地方都不容拥有这样一种道德权利,即因管理不当而把自己变成贫民窟,以致必然流向其他地方,从而对整个劳动力群体的精神和物质状况造成损害。中央救济会所拥有的行政强制和辅助立法的权力(但由于这个问题上的舆情,他们很少行使这些权力),在有关全国头等利益的大事上虽然是完全正当的,但如果用于监督纯属地方利益的事情,那就是完全不恰当的。然而,一个为各个地方提供信息和指导的中央机关,在所有行政部门中是同等有价值的。一个政府的活动如果不是妨碍而是帮助并鼓舞个人的努力和发展,那就不可能嫌多。可是,一当政府不去促进个人和团体的活动和力量,却以它自己的活动取而代之时;一当政府不是为他们提供信息、建议,有时也予以指责,而是让他们戴着枷锁工作,或是叫他们站到一边而自己越俎代庖替他们工作时,祸害就开始发生了。从长远看,一个国家的价值归根结底还在组成它的全体个人的价值;一个国家如果把这些人智力的扩张和提高这一基本利益搁置起来,而只求在管理技巧或事务细节的实践中类似于此的东西上稍微改善一点;一个国家即使是出于有益的目的而使人们成为它手中更为驯服的工具,从而造成他们发育不良,那它终将看到,渺小的人是不能真正做成大事的;它还将看到,自己不惜牺牲一切而争取机器的完善,为了让机器更平稳地运转而宁肯消除其活的动力,其结果终将使它毫无用处可言。